LE
DESASTRE
OBAMA

GUY MILLIERE

LE DESASTRE OBAMA

Editions Tatamis

« Quant aux idolâtres et à tous les menteurs, leur part sera dans le lac embrasé de feu et de soufre »,

Apocalypse, XXI, 8,

« Mendacem odi »,

Plaute, *Mostellaria*, I, 200

« Peut-il y avoir une chose plus horrible dans l'existence qu'un homme éloquent qui ne dit pas la vérité »,

Thomas Carlyle, Adresse au recteur
de l'université d'Edinburgh, 1866.

Nous n'étions, de ce côté de l'Atlantique, pas nombreux à dire ce qui devait l'être au moment de l'élection de Barack Obama.

Nous étions fustigés, vilipendés, exclus des débats.

Notre parole n'était pas écoutée.

Barack Obama était considéré de manière quasiment unanime comme un demi-dieu, le Rédempteur, le Sauveur, le dernier Messie.

Tenir un discours critique semblait de l'ordre du blasphème.

Souligner certains faits, mettre au jour certains documents, semblait relever du sacrilège et valoir l'excommunication.

Il reste aujourd'hui des admirateurs à Barack Obama, des inconditionnels, des gens appartenant à la catégorie de ceux qu'on appelle aux Etats-Unis les *true believers*, les vrais croyants : des gens prêts à dire qu'il ne pleut pas et qu'il fait soleil même quand il pleut à verse et que leurs vêtements sont détrempés.

Mais il est évident que leurs rangs sont clairsemés.

Les déçus d'Obama sont désormais légion. Même si, air du temps oblige, la plupart d'entre eux se taisent et n'osent pas se confronter au conformisme ambiant.

Nous qui avions dit qui était Barack Obama, ce qu'il allait faire, et ce qui risquait de se produire, devons constater : ce à quoi nous nous attendions s'est produit.

Notre tâche aujourd'hui, alors que vient l'échéance de 2012, est d'expliquer ce qui s'est produit, de dire précisément quels ont été les engrenages, d'exposer sans détours et sans fard, ce que sont et ce que pourraient être encore les conséquences.

Nous ne serons pas nombreux à le faire en Europe.

Je crains, en France, d'être quasiment le seul. Je ne tiens aucunement à cette position particulière, et je n'aurai rien contre le fait que, le cas échéant, ce que j'ai à dire soit davantage écouté.

J'avais écrit, dans les mois qui ont suivi le triomphe, un livre appelé : *La résistible ascension de Barack Obama*. A cette époque, je voyais chez Obama des proximités indéniables avec l'Arturo Ui imaginé par Brecht.

Le présent livre constitue la suite. J'avais initialement été tenté par un titre : *La chute de la maison Obama*. J'ai renoncé, car le moment de la chute n'est pas encore tout à fait venu ou, plus exactement, parce que la chute, bien que déjà enclenchée, n'est pas encore flagrante. Le titre qui me tentait est dès lors devenu celui du dernier chapitre.

J'ai, dans des articles, parlé de désastre, et j'ai décidé de retenir ce mot.

Il y a un désastre Obama.

Ce désastre est, je dois le dire, et je le dis avec tristesse, d'une ampleur plus immense encore que je ne l'aurais imaginé lorsque j'ai, pour les premières fois, employé le mot.

Ce désastre est encore très peu évoqué, et moins encore analysé : l'influence des vrais croyants sans doute, celle du conformisme ambiant.

Ce désastre, hélas, n'est pas achevé. Il peut se prolonger, même si Obama quitte la Maison Blanche au terme d'un seul mandat. Il peut aussi s'accentuer considérablement si Obama est réélu.

Il doit être regardé en face, sans détourner les yeux.

J'ai écrit ce qui suit pour ceux qui sont prêts à regarder en face et à ne pas détourner les yeux.

J'ai, comme je le fais toujours, étayé l'ensemble de ce que j'affirme sur des références précises, des faits avérés, des documents incontestables et que chacun peut consulter. Plus de deux cents notes figurent en fin d'ouvrage.

1. UN CAUCHEMAR AMERICAIN

Detroit. La ville a été la capitale de l'industrie automobile américaine. La General Motors, Ford et Chrysler y ont toujours leur siège social. Les hauts immeubles et les bâtiments historiques du centre ville sont toujours debout, et si on regarde le *skyline*, la silhouette de la ville depuis Windsor, sur la rive canadienne de la rivière qui relie le lac Saint Clair et le lac Erie, on peut aisément penser que rien n'a vraiment changé.

Si on s'approche, néanmoins, si on parcourt les rues en direction des quartiers Nord, on découvre très vite que le temps de la splendeur et de l'opulence est révolu. Des maisons sont en ruine. D'autres, habitées encore, ont des fenêtres cassées que plus personne ne songe à réparer. Des terrains sont jonchés de détritus. Ceux qu'on croise dans les rues ressemblent souvent à des fantômes ou à des sans abris.

Detroit comptait encore près d'un million d'habitants en l'an 2000, depuis trois cent mille sont partis. Ceux qui restent, souvent, n'ont pas pu faire autrement : ils n'ont pas assez d'argent pour déménager, ou bien ils n'ont pas la force. Ils sont locataires et vivent d'allocations sociales : souvent, ils ne paient plus de loyer à quiconque. La police de la ville a renoncé à agir, comme la plupart des services municipaux. Les propriétaires de maisons ou d'immeubles ne peuvent pas vendre, car personne ne veut acheter, et les prix sont dérisoirement bas. Une maison de cent mètres carrés vaut désormais ce que vaut une voiture neuve, quelquefois moins. Et peut-on même dire qu'elle vaut quelque chose dès lors que l'évaluation ne correspond à aucune offre, et à aucune demande ?

La population est devenue moins diverse. Elle est largement noire. Les enfants ne vont plus à l'école. L'analphabétisme avance. Les gangs règnent sur des quartiers. Certains jours, les éclairages urbains sont à l'arrêt, feux de circulation compris.

Le maire de la ville en 2008, Kwame Kilpatrick a démissionné pour partir directement vers la prison : il est sous le coup de trente-huit chefs d'inculpation, parmi lesquels agression d'un policier, corruption, extorsion de fonds, obstruction à la justice[1]. Son remplaçant est un ancien basketteur qui a joué pour l'équipe de la ville en d'autres temps, dans les années 1970, Dave Bing. Il est démocrate. Tous les maires de Detroit sont démocrates depuis des décennies.

Detroit a particulièrement souffert lorsque General Motors et Chrysler ont été tout au bord de la faillite, en 2008. Elle souffre davantage encore aujourd'hui, et ressemble désormais à un cas sans espoir. *Will the last person to leave Detroit please turn out the lights ?*,

[1] Cf. Bill McGraw, « The rise and fall of Kwame Kilpatrick », *Detroit Free Press*, 8 septembre 2008.

demandait récemment, avec une ironie désespérée un bloggeur anonyme[2]. La dernière personne à quitter Detroit pourrait-elle éteindre la lumière ?

C'est à Detroit que Barack Obama est venu, le premier lundi de septembre 2011, présenter son « plan pour l'emploi » et lancer sa campagne électorale pour 2012. Il disposait d'un public conquis d'avance : des membres des grands syndicats. Le dirigeant de l'International Brotherhood of Teamsters, Jimmy Hoffa Junior, fils de Jimmy Hoffa qui utilisait la Fraternité pour blanchir l'argent de la mafia, a mis la foule en appétit en usant d'arguments convaincants : « Président Obama, nous sommes votre armée, nous sommes en guerre, nous allons écraser ces fils de putes[3] ».

Barack Obama pourra adopter d'autres discours, tenir d'autres propos, ce n'en est pas moins là ce qu'il utilise essentiellement depuis des mois, et ce qu'utilisent ceux qui le soutiennent : la culture de la haine et du ressentiment, l'appel à la lutte de classes sur le mode le plus violent, la division, la désignation de boucs émissaires.

Barack Obama a été élu en parlant d'espoir : il compte aujourd'hui sur la peur et l'incitation à détester l'autre.

---

[2] MetaFilter Community weblog, 27 mars 2007.
[3] Mary Bruce, « Hoffa On Tea Party :'Let's Take These Sons Of Bitches Out !' », abcnews.go.com, 5 septembre 2011.

Les syndicats américains sont sa base, avec les « organisateurs de communauté ».

Il s'appuie aussi sur le Congressional Black Caucus, constitué de tous les membres noirs du Congrès : celui-ci a quarante et un membres, tous Démocrates, à l'exception d'un seul, le colonel Allen West.

Lors de la dernière grande réunion annuelle du Black Caucus, quelques semaines après le meeting de Detroit, l'un de ses dirigeants, André Carson, élu de l'Indiana, a déclaré solennellement que si les Démocrates perdaient le pouvoir, on verrait « des Noirs pendus aux arbres comme au temps du Ku Klux Klan[4] ». Maxine Waters, élue de South Central Los Angeles a proclamé que les *tea parties* et les conservateurs devaient être envoyés « brûler en enfer[5]».

Les *tea parties* et les conservateurs, voilà l'ennemi désigné. Des gens qui se réclament de la Constitution, du Bill of Rights et de l'esprit des pères fondateurs du pays[6] ont, semble-t-il, tout pour déplaire à Obama et à ceux qui le soutiennent.

---

[4] Jake Sherman, « Andre Carson : Tea party wants blacks 'hanging on a tree'», politico.com, 30 septembre 2011.
[5] Devonia Smith, « Maxine Waters blasts the Tea Party 'straight to hell'», examiner.com, 2 septembre 2011.
[6] Sur les valeurs des tea parties, cf.Theda Skocpol et Vanessa Williamson, *The Tea Party and the Remaking of Republican Conservatism,* Oxford University Press, 2012.

Les Républicains sont identifiés aux *tea parties* et aux conservateurs, et si quelques-uns d'entre eux sont épargnés le temps d'une phrase ou d'un soupir, ils sont, en gros et en détail, traités comme les *tea parties* et les conservateurs : comme des « racistes », des prédateurs, des gens sans âme qui pensent à servir les « plus riches » au détriment du reste de la population, des empoisonneurs prêts à tout ravager sur leur passage et responsables de tous les maux dont souffre le pays.

Quand Barack Obama se rend à Detroit, il se rend au centre-ville. Pas dans les quartiers où les maisons sont en ruines et où la misère gagne chaque jour du terrain.

Quand il se rend dans d'autres villes du pays, il évite aussi certains quartiers.

Et il évite d'ailleurs toujours davantage de quartiers, car ce qui touche Detroit touche aussi d'autres villes du pays.

À San Bernardino, capitale de l'Inland Empire à l'Est de Los Angeles, trois mille cinq cent kilomètres de Detroit, la vie semble s'être presque arrêtée. Vingt pour cent de la population est sans emploi. Dans le Central City Mall, la moitié des boutiques ont fermé. À Las Vegas, dans le Nevada, à quatre cent kilomètres de San Bernardino, le nombre de sans emploi est plus élevé encore, et des milliers d'habitants sont partis. Des lotissements urbains n'ont plus que quelques habitants[7]. Dès qu'on quitte le Strip, les grues des chantiers sont arrêtées depuis des mois. Les chambres d'hôtel des casinos se bradent pour vingt dollars. Les grands investisseurs, tels Steve Wynn et Sheldon Adelson, pour ne pas voir leur fortune partir en cendres, partent ouvrir des succursales à Macao ou ailleurs en Asie[8].

À Miami, en Floride, cinq mille kilomètres plus au Sud et plus à l'Est, le chômage est plus faible : entre quinze et seize pour cent. Mais c'est un chiffre qui ne s'est jamais vu dans toute l'histoire d'une ville qui, depuis des décennies, a connu un développement incessant. Des gens expulsés de chez eux font la queue devant les locaux de l'Armée du Salut. Certaines rues ressemblent à celles d'un village déshérité d'Amérique latine.
Le quartier haïtien, au nord de *downtown* ressemble de plus en plus à un quartier de Port-au-Prince[9].

C'est en fait, à des degrés divers, et sous des formes diverses, l'ensemble du pays qui se trouve désormais en situation de sinistre.
Le chiffre officiel de chômage à l'échelle nationale oscille entre huit et neuf pour cent, mais cache une situation

---

[7] Cf. « San Bernardino County's unemployment rate stays the same at 12.3 », www.fontanaheraldnews.com, 23.3.2012.
[8] Dave Berns, « Wynn, Adelson facing tricky situation », ebscohost.com, mai 2009.
[9] « Miami poverty rate among highest in US », miamitodaynews.com, 28 octobre 2009.

bien plus grave encore si l'on introduit dans les données tous ceux qui ont renoncé à trouver un emploi et qui ne figurent plus dans les statistiques, tous ceux qui n'ont, faute d'autre choix, qu'un emploi à temps partiel dont ils tirent tout juste quelques centaines de dollars par mois, tous ceux qui vivent d'allocations diverses[10].

Et si l'on regarde la population noire, les données sont plus préoccupantes encore : le nombre de chômeurs chez les jeunes Noirs âgés de moins de trente ans dépasse quarante pour cent, et ne prend lui-même pas en compte ceux qui ne cherchent plus ou qui n'ont jamais cherché à travailler et vivent hors de toute légalité.

Jamais le nombre de ceux qui se nourrissent grâce aux *food stamps*, les bons de nourriture distribués par les États dans le cadre du Supplemental Nutrition Assistance Program(SNAP), n'a été si élevé : ils représentent aujourd'hui près d'un Américain sur cinq[11]. À la caisse des supermarchés, nul ne peut voir qui utilise des *food stamps*, à moins de regarder de près : les morceaux de papier bruns, bleus ou verts ont été remplacés par des cartes de crédit spéciales qui ressemblent aux cartes de crédit normales.

---

[10] Aparna Mathur, Matthew H. Jensen, « Why the real unemployment rate is 15.6 % », American Enterprise Institute, 6 janvier 2012.

[11] Damian Paletta, « Food Stamp Rolls to Grow Through 2014, CBO Says », *Wall Street Journal*, 19 avril 2012.

Selon les sondages, semaine après semaine, sans grandes variations, plus des deux tiers des Américains pensent que le pays est orienté dans la mauvaise direction et se dirige vers le naufrage. Moins de vingt pour cent pensent le contraire. Les autres se rangent dans la catégorie des indécis et de ceux qui ne veulent pas répondre[12].

Plus de soixante pour cent des Américains, disent les mêmes sondages, considèrent que la politique économique suivie par l'administration Obama n'est pas la bonne.

Barack Obama ne peut plus parler d'espoir, non. Il doit parler d'autre chose, désigner des coupables, invectiver, cliver, diviser.

Barack Obama aujourd'hui se montre pour ce qu'il est.

Et il faut dès lors le répéter, semble-t-il, pour ceux qui n'auraient pas encore discerné.

Barack Obama n'a jamais été autre chose qu'un homme de la gauche extrême[13]. Suggérer, comme cela s'est

---

[12] Cf, entre autres, rasmussenreports.com/public_content/politics/obama_administration/daily_presidential_tracking_poll.

[13] Cf. Aaaron Klein, Brenda Elliott, *The Manchurian President : Barack Obama's Ties to Communists, Socialists and Other Anti-American Extremists*, WND Books, 2019 ; Stanley Kurtz , *Radical-in-Chief : Barack Obama and the Untold Story of American Socialism*, Thrshold Editions, 2010.

longtemps fait, qu'il était juste un « centriste » ou un « modéré » équivalait à se raconter à soi-même des histoires pour somnambules. Imaginer, sachant qui il était, qu'il allait changer brusquement en entrant à la Maison Blanche relevait d'une absurdité plus grande que celle qui consisterait à s'efforcer à croire en l'existence du Père Noël passé l'âge de sept ans.

Dire qu'il n'a aucune part de responsabilité dans la réalité présente est faire preuve d'une cécité forcenée.

Il faut le répéter.

Les documents sur le passé d'Obama étaient abondants et disponibles, très disponibles. Ils le sont toujours.

Il suffisait de les lire pour avoir une idée du personnage, de son passé, de sa vision du monde et de son propre pays, de ses intentions. C'est ce que j'ai fait avant d'écrire *La résistible ascension de Barack Obama*[14].
La seule profession exercée par Barack Obama avant qu'il ne devienne Sénateur des Etats-Unis a été celle d'agitateur social. Qu'il ait exercé cette profession en la couvrant de divers vocables importe peu.

Les seules organisations au sein desquelles ou pour lesquelles il ait œuvré sont celles sur lesquelles il s'appuie jusqu'à ce jour. Syndicats. Organisations d' « organisa-

[14] Guy Millière, *La résistible ascension de Barack Obama*, La part de l'esprit, 2010.

teurs de communauté ». Black Caucus. Des mouvements plus radicaux aussi.

Il faut le répéter.

Le recours autour de lui à un langage violent n'a rien de surprenant. Barack Obama a toujours été entouré de gens au discours violent. Et il n'a lui-même, de façon récurrente, pas rechigné devant ce genre de langage. Il s'est doté d'une apparence policée, douce, souriante, le temps d'une campagne, il y a quatre ans.

Il tente cette année de reprendre la même apparence, et s'efforce de laisser les basses besognes aux autres dans le cadre d'une trouble répartition des tâches. Mais il n'est pas étranger aux basses besognes.

Et il faut le rappeler.

La simple liste des fréquentations nauséabondes d'Obama tout au long des années qui séparent son passage à l'âge adulte et son entrée à la Maison Blanche suffit à couper le souffle et peut ressembler en soi à un acte d'accusation, puisque, ce doit être souligné sans répit, on y trouve des truands (Tony Rezko), des terroristes non repentis (Bill Ayers, Bernardine Dohrn), des islamistes (Khalid al Mansour), des agitateurs « palestiniens » (Rashid et Mona Khalidi), un pasteur antisémite issu de la secte islamique et antisémite The

Nation of Islam (Jeremiah Wright). Et je ne donne ici que la version courte[15].

Il faut le souligner.

La crise qui a permis à Obama d'entrer à la Maison Blanche, car (on veut l'oublier) il est entré à Maison Blanche dans le contexte du désarroi suscité par une crise, a été une « crise manufacturée », préparée patiemment selon les méthodes d'un homme dont Obama est le meilleur disciple à ce jour, Saul Alinsky, maître à penser de tous les gauchistes américains[16].

La crise est née du recours à des procédés expliqués par deux autres disciples de Saul Alinsky, Richard Cloward et Frances Fox Piven dans un article appelé *The Weight of the Poor*, publié en 1966 dans le mensuel d'extrême-gauche *The Nation*[17].

Il faut le souligner.

---

[15] Cf. Guy Millière, *op. cit. ;* Aaaron Klein, Brenda Elliott, *op. cit.*, Stanley Kurtz, *op. cit.*

[16] Sur Saul Alinsky, cf. Jerome Corsi, *Saul Alinsky :The Evil Genius Behind Obama*, Paperless Publishing, 2012, Nicholas Von Hoffman, *Radical : A Portrait of Saul Alinsky*, Nation Books, 2011.

[17] Richard Cloward, Frances Piven, « The Weight of the Poor », *The Nation*, 2 mai 1966.

Ce sont des agitateurs sociaux en bien des points semblables à Obama qui ont œuvré pour que les engrenages qui ont conduit à la crise se mettent en place. Dès 1977 sous Jimmy Carter, puisque c'est à l'époque qu'est adopté le Community Reinvestment Act, la loi qui allait tout enclencher. Plus tard en 1995, lorsque, sous Bill Clinton, des membres du Congrès ont décidé de réactiver la loi[18].

Il faut l'écrire : la stratégie était de pousser les banques à accorder des prêts immobiliers à des gens insolvables ou à la limite de l'insolvabilité, qui n'auraient jamais obtenu de prêts sans cela. Et c'est ainsi que sont nés les *subprime*. Le prétexte invoqué était l'accès de tous à la propriété. Les banques ont été menacées, et elles ont cédé aux menaces. Elles ont reçu des injonctions de la part de représentants et de sénateurs. Celles qui ne cédaient pas se faisaient accuser de discrimination raciale et sociale, et qui veut être accusé de discrimination raciale et sociale ? Les banques, leur disait-on au Congrès, n'avaient rien à craindre : les prêts *subprime* étaient, de fait, rachetés par deux firmes adossées au gouvernement fédéral et garanties par celui-ci, la Federal National Mortgage Association (Fannie Mae) et la Federal Home Loan Mortgage Corporation (Freddie Mac). Fannie Mae et

---

[18] Sur ce point et ce qui suit, voir Peter Schweizer, *Architects of Ruin : How Big Government Liberals Wrecked the Global Economy--and How They Will Do It Again If No One Stops Them*, Harper, 2010 ; Thomas Sowell, *The Housing Boom and Bust*, Basic Books, 2009.

Freddie Mac injectaient ensuite ces prêts dans des produits financiers que les banques revendaient en considérant qu'il n'y avait toujours rien à craindre puisque Fannie Mae et Freddie Mac bénéficiaient de la garantie gouvernementale. La demande immobilière a explosé, l'offre a suivi, les prix ont monté, le nombre de propriétaires insolvables aussi. Une bulle s'est constituée qui, comme toutes les bulles, a fini par crever. La chute a alors été brutale.

Il faut l'écrire : on a accusé et on accuse encore la finance et les financiers. On n'accuse jamais les politiciens qui ont placé le ver qui allait ronger le fruit : alors que sans l'action des politiciens, rien ne se serait passé. On n'accuse jamais les agitateurs sociaux : alors que sans les pressions et les chantages qu'ils ont exercés, les politiciens n'auraient sans doute pas placé le ver qui allait ronger le fruit.

Comme l'a noté Thomas Sowell dans un ouvrage qui explique magistralement et en détail ce que je viens d'énoncer en quelques lignes, *The Housing Boom and Bust* [19] : « Le prêt immobilier a été l'une des activités les plus sûres parmi toutes celles pratiquées par le secteur bancaire, jusqu'à ce que des intrusions politiques ne viennent y introduire les ferments de la destruction ».

[19] Thomas Sowell, *The Housing Boom and Bust.*

Il faut l'ajouter : les produits financiers qu'on persiste à appeler toxiques ont été en réalité des *produits financiers intoxiqués par l'action des politiciens et les pressions des agitateurs sociaux* qui ont contraint les banques à des pratiques dangereuses contre lesquelles elles ont tenté ensuite de se couvrir[20]. En vain.

Il faut le rappeler : la crise manufacturée a éclaté en 2008 et s'est accentuée à l'automne de la même année.

Elle a connu une accélération décisive avec le *bank run*, le mouvement de retrait massif de fonds survenu, ô providence, le 15 septembre, six semaines avant l'élection[21].

Cinq cent cinquante milliards de dollars ont été retirés en deux heures du système financier américain[22]. La faillite de Lehman Brothers a suivi, puis, dans la panique, la décision, par Hank Paulson, dernier Secrétaire au Trésor de George Bush, de faire voter le Troubled Asset Relief Program (TARP) aux fins d'éviter l'effondrement du système financier. C'est à partir du *bank run* que les

---

[20] Cf. Peter Schweizer, *op. cit.*

[21] Cf. Nouriel Roubini, « The Mother of All Bank Runs ? », forbes.com, 2 octobre 2008.,

[22] Pour les détails, cf. « What You Were Not Told on 9/11/2008 », marketskeptics.com, 22 février 2009.

sondages placeront Barack Obama en tête, jusqu'au moment de l'élection.

Il faut le rappeler : Rahm Emanuel, qui allait devenir Secrétaire général de la Maison Blanche a, dans un élan de franchise, déclaré au moment où tout cela survenait qu'il ne fallait pas « laisser une crise se gaspiller », mais au contraire « l'utiliser pour faire des choses importantes [23] ».

Barack Obama a dit au même moment que les Etats-Unis allaient connaître un « changement radical », et il ne mentait pas lui non plus. Les mots qu'il employait devaient simplement être pris en leur sens le plus strict.

Barack Obama ensuite, dès sa prise de fonction, a fait ce qu'il s'était promis de faire. Rien de plus. Rien de moins. Et, pour l'essentiel, rien d'autre.

Il est allé aussi loin que cela lui était possible dans le contexte américain.
Il s'est conduit en révolutionnaire. Mais pas en révolutionnaire stupide, vociférant, distribuant des tracts destinés à finir dans le caniveau, non. C'est un homme intelligent.

---

[23] Cf. Todd Miller, « Don't let a crisis go to Waste », sfgate.com, 28 avril 2009.

Il a fait ce qu'on lui a enseigné et ce qu'il a appris en lisant Alinsky.

Aux fins de pouvoir gouverner et agir à sa guise, il a, en supplément du gouvernement (cabinet) dont il a choisi les membres, confiant le poste clé de Secretary of the Treasury à Timothy Geithner, venu du Federal Reserve Board, mis en place une forme de second gouvernement de l'ombre constitué de conseillers spéciaux (tsars) ne rendant compte qu'à lui-même et chargés chacun d'un secteur d'action. Le cabinet a quinze membres. Les tsars sont, à ce jour, quarante[24]. Ils ont été, à un moment, quarante quatre. Le plus important d'entre eux, puisqu'il supervise tout le secteur de la « régulation », qui recoupe l'ensemble des ministères est Cass Sunstein, auteur d'un manfeste en faveur de la « justice sociale » appelé *The Second Bill of Rights : FDR's Unfinished Revolution and Why We Need It More than Ever*[25] (La deuxième déclaration des droits : la révolution inachevée de Franklin D. Roosevelt et pourquoi nous en avons besoin plus que jamais).

Aux fins de pouvoir déployer des réglementations susceptibles de placer graduellement toute l'économie

---

[24] Sur les tsars d'Obama, cf. Mike Bauer, « Obama's Czars and Their Left-Wing Affiliations », frontpagemag.com, 16 mai 2011.

[25] Cass Sunstein, *The Second Bill of Rights : FDR's Unfinished Revolution and Why We Need It More than Ever*, Basic Books, 2006.

sous contrôle et de la remodeler, il a nommé des gens de confiance à la tête des principales agences gouvernementales, et a donné à ceux-ci des directives. Les agences gouvernementales n'ayant elles-mêmes pas de compte à rendre à quiconque sinon au Président, elles échappent à un éventuel contrôle par le Congrès, si ce n'est par le biais du budget.

L'Environmental Protection Agency (EPA), ainsi, a, dès mars 2009 décrété que le dioxyde de carbone était, passés certains seuils non définis, un polluant majeur, ce qui lui a ouvert la possibilité de réglementer strictement toute activité produisant du dioxyde de carbone, autrement dit toute activité économique[26]. Sa directrice, Lisa Jackson, a créé, au même moment, une brigade de « justice environnementale » chargée d'aller expliquer dans tout le pays que la pollution est une « injustice sociale » et que les industriels sont des criminels en puissance. La brigade agit et dispense ses conseils dans les écoles, lycées et collèges. L'EPA a, depuis, promulgué des milliers de règles, déployé des milliers de contrôleurs, décidé la fermeture de plusieurs centrales thermiques fonctionnant au charbon sans offrir à ceux que ses centrales fournissaient en électricité d'autres solutions que de demander aux autorités d'être alimentés de plus loin, pour beaucoup plus cher : vingt pour cent des centrales thermiques en activité en janvier 2009 ont dû cesser leurs activités au cours des deux années qui ont

[26] Nicolas Loris, « EPA Formally Declares CO2 a Dangerous Pollutant », heritage.org, 7 décembre 2009.

suivi[27]. Bien que les Etats-Unis aient un sous-sol très riche en pétrole, en gaz, en gaz de schiste, en schistes bitumineux, toute prospection du sous-sol du pays se trouve interrompue depuis avril 2009, et les Etats-Unis doivent continuer à acheter du pétrole à des dirigeants hostiles qu'ils rémunèrent néanmoins[28]. L'EPA, en parallèle, est chargée de coordonner de vastes programmes de production d'« énergie verte », et distribue des subventions massives à des entreprises structurellement déficitaires, produisant très peu d'électricité, créant très peu d'emplois, tournées vers les secteurs éolien ou photovoltaïque[29]. Un oléoduc géant destiné à acheminer du pétrole extrait des schistes bitumeux de l'Alberta, au Canada, vers des raffineries américaines en Illinois, en Oklahoma et au Texas (Keystone XL Pipeline) a vu sa construction interrompue sur demande de l'EPA[30].

La Federal Communication Commission (FCC) a été placée en juin 2009 entre les mains de Julius Genachowski,

---

[27] Lachlan Markay, « EPA Set to Implement Economically Ruinous Regulations on Power Plants », heritage.org, 9 juillet 2010.

[28] Nicolas Loris et Katie Tubb, « Obama's Non-Solution for High Gas Price », heritage.org, 14 mars 2012.

[29] Cf. Henry Paine, « The Obama EPA's Attack on Coal », nationalreview.com, 29 mars 2012.

[30] Sur ces divers points, voir Rich Trzupek, *Regulators Gone Wild : How the EPA is Ruining American Industry*, Encounter Books, 2011. Voir aussi Rael Jean Isaac, *Roosters of the Apocalypse : How the Junk Science of Global Warming Nearly Bankrupted the Western World*, The Heartland Institute, 2012.

responsable du secteur communication électronique dans la campagne d'Obama en 2008, qui s'est vu demander de placer internet sous contrôle[31].

La National Aeronautics and Space Administration (NASA) a été confiée en juillet 2009 à Charles Bolden, ancien astronaute, avec pour mission (définie par le Président) de mettre fin aux programmes de vols habités, de se centrer sur la mise sur orbite de satellites censés mesurer le « réchauffement global », et de reconvertir l'agence en une « institution pédagogique » chargée (je ne plaisante pas) d' « améliorer les relations avec le monde musulman »[32].

La suite est connue...

Dès les premières semaines de sa présidence, Barack Obama a fait voter une « loi de stimulation de l'économie » reposant sur un programme massif de dépenses publiques destiné essentiellement à financer des grands travaux, à subventionner des entreprises écologiquement correctes, à payer de multiples projets chers à divers représentants et sénateurs, mais totalement improductifs, à rémunérer diverses

---

[31] Cf. Robert M McDowell, *The FCC's Threat to Internet Freedom*, Wall Street Journal, 19 décembre 2010.
[32] Mona Charen, « NASA's Muslim Outreach », realclearpolitics.com, 7 juillet 2010.

associations d'agitation sociale, à mettre en place des programmes d'enseignement chargés d'expliquer la loi[33].

Quelques mois plus tard, il a fait voter une « loi de protection des patients et des soins à prix abordable » (Obamacare), qui repose sur des taxes supplémentaires pesant sur les entreprises et les revenus de l'investissement, et prévoit la création d'une bureaucratie chargée de définir les prix des assurances, des soins et des médicaments, d'informatiser à l'échelle fédérale les dossiers de santé, de limiter les coûts, de définir les priorités de santé publique, et d'instaurer une obligation pour tout citoyen de s'assurer dans les conditions définies par la loi. La loi devrait placer sous contrôle gouvernemental seize pour cent de l'économie du pays, et doit entrer en vigueur en 2014. La plupart des entrepreneurs y voient une bombe à retardement en matière de coûts, qui n'a pas encore explosé et ne veulent pas embaucher en attendant l'explosion de la bombe. La population voit, avec appréhension, la mise en place d'un comité de technocrates nommés par le Président qui seront chargés de définir, selon l'âge et la condition du malade s'il a le droit de continuer à être soigné, ou s'il coûte trop cher et doit être abandonné à la mort : c'est ce qui a reçu le nom de *death pannel* dans les médias, un comité ayant droit de vie ou de mort sur toute un chacun, en somme, car s'il est dit qu'une personne ne peut plus être soignée, elle

[33] Pour un bilan concernant la « loi de stimulation », cf. Jack Fowler, « Obama Stimulus Scandals », nationalreview.com, 6 avril 2012.

n'aura pas le droit, même en payant, de se soigner hors du système[34].

Barack Obama a fait voter ensuite la « loi de réforme de Wall Street et de protection du consommateur », censée, officiellement, « promouvoir la stabilité financière » et la « transparence », et qui ouvre la porte à une bureaucratie supplémentaire dotée du pouvoir de nationaliser toute banque et toute firme financière si celle-ci lui paraît en « péril », de forcer une banque ou une institution financière à revendre l'une de ses branches ou un secteur entier d'activité, d'autoriser ou de ne pas autoriser la création de nouvelles banques ou institutions financières[35].

---

[34] Sur le système Obamacare, cf. Grace Marie Turner, James C. Capretta, Thomas P. Miller, Robert E. Moffit , *Why ObamaCare is Wrong for America : How the New Health Care Law Drives Up Costs, Puts Government in Charge of Your Decisions, and Threatens Your Constitutional Rights,* Broadside Books 2011 ; Sally Pipes, *The Truth About Obamacare,* Regnery Publishing, 2010. Le système Obamacare a fait l'objet de divers recours devant la Cour Suprême, qui a rendu sa décision sur la constitutionnalité de la loi fin juin 2012 : la Cour Suprême a déclaré la loi conforme à la Constitution. La loi sera donc mise en œuvre si Obama est réélu en novembre prochain. Elle sera abrogée si Obama n'est pas réélu, ce qui la place au cœur de l'election.

[35] Cf ; Mike Brownfield, « An Iceberg of Financial Reform, but What Lies Beneath ? », heritage.org, 25 juin 2010 ; Michelle Malkin, « Obama's financial "reform" : It's all about the boodle », *National Review,* 26 avril 2010.

La loi prévoit aussi la constitution d'un fonds de garantie doté de plusieurs milliards de dollars pour les principales banques et principaux établissements financiers, décrétés *too big to fail*, trop importants pour faire faillite. C'est une mise sous tutelle de tout le secteur financier.

Barack Obama a ajouté au fil des mois de multiples décrets présidentiels (*executive orders*), l'un abolissant pour l'essentiel les abattements fiscaux alloués jusque-là aux propriétaires de biens immobiliers ayant un prêt à rembourser, un autre destiné à créer un programme de « logements abordables » qui devrait déboucher sur une loi renforçant les subventions pour les locataires et finançant la construction de logements sociaux. Un troisième pour interdire la construction d'une usine dans un Etat où existent des *right to work laws*, lois interdisant tout accord entre une entreprise et un syndicat rendant l'appartenance à un syndicat obligatoire. Et je n'en cite que trois parmi des centaines d'autres.

Barack Obama a, dès les premières semaines de sa présidence, procédé à une captation par le gouvernement de deux des trois grandes entreprises automobiles du pays, Chrysler et General Motors, l'annulation des droits de propriété des anciens actionnaires des firmes, la distribution d'une partie importante des actions ainsi confisquées à l'UAW (United Auto Workers), la conservation par le gouvernement d'une autre partie importante des actions[36]. Une part des actions de Chrysler a été revendue à Fiat, une part de celles de General Motors a été mise en bourse, plus tard. Le gouvernement et l'UAW conservent néanmoins dans chaque cas un nombre d'actions suffisant pour constituer une minorité de blocage qui leur permet de dicter les grandes orientations.

Si on devait chercher dans tout cela quoi que ce soit qui ait pu donner à des investisseurs la confiance requise pour investir, on chercherait en vain.

Aucun des décisions prises et mise en œuvre par Barack Obama au cours des deux premières années de sa présidence n'était destinée à inciter des investisseurs à investir.
Si on devait chercher en tout cela quoi que ce soit qui ait pu inciter un entrepreneur à embaucher immédiatement, on chercherait en vain aussi.

Aucun des décisions prises et mises en oeuvre par Barack Obama au cours des deux premières années de sa présidence n'était destinée à créer des conditions susceptibles de permettre à un employeur privé d'embaucher.

---

[36] Cf. David Skeel, « The Real Cost of the Auto Bailouts », wsj.com, 6 juin 2011 ; John Lott, « Obama and GM Cook the Books », *National Review*, 16 mai 2012.

Si on devait chercher en tout cela ce qui aurait pu susciter de la croissance, un recul du chômage et de la pauvreté, on chercherait en vain encore.

Aucune des décisions prises et mises en oeuvre par Barack Obama au cours des deux premières années de sa présidence n'était destinée à créer de la croissance, ou à permettre la création d'emplois et le recul de la pauvreté.

Si on devait chercher en tout cela un accroissement délibéré des dépenses publiques et un creusement vertigineux des déficits et de la dette et de la dépendance du pays, on trouverait, par contre, immédiatement.

Toutes les décisions prises et mises en œuvre par Barack Obama au cours des deux premières années de sa présidence ont coûté très cher, et augmenté considérablement la dette et la dépendance financière du pays.

Si on devait chercher en tout cela ce qui pourrait ressembler à une emprise du gouvernement qui se généraliserait et viendrait proliférer, on n 'aurait pas à chercher du tout.

Ce n'est pas une ressemblance, *c'est effectivement une emprise du gouvernement qui s'est mise en place, s'est généralisée et a proliféré.*

Si on devait chercher en tout cela ce qui ressemblerait à une opération de multiplication des pauvres et de ceux tombant à la merci de l'assistance du gouvernement, on n'aurait pas à chercher non plus.

C'est moins encore une ressemblance : *c'est, pleinement, une opération de multiplication des pauvres qui a été enclenchée, et une opération de multiplication des mises sous assistance.*

Si on ajoutait des actions menées dans le domaine du droit sous la responsabilité de l'Attorney General Eric Holder, telles que l'abandon des poursuites pour divers cas de fraude électorale ou pour intimidation d'électeurs blancs se rendant au bureau de vote, d'actions engagées contre les Etats entendant demander aux électeurs leurs papiers d'identité avant qu'ils puissent voter[37], ou les ventes d'armes par une agence du Ministère de la justice (le Bureau of Alcohol, Tobacco and Firearms) à des organisations criminelles mexicaines agissant dans les zones frontalières, le tableau serait plus sombre encore[38].

Si on ajoutait la nomination par Barack Obama de juges fédéraux très à gauche et susceptibles de servir les fins

---

[37] Thomas R. Spencer, « The Vote Fraud Deniers. Election integrity falls off the map under Eric Holder », pjmedia.com, 21 mai 2012.

[38] Katie Pavlich, *Fast and Furious : Barack Obama's Bloodiest Scandal and the Shameless Cover-Up*, Regnery Publishing, 2012.

qu'il poursuit tout en prétendant respecter les lois[39], le tableau se ferait lugubre.

Et si on ajoutait les *recess appointments*, nominations qu'il devrait faire valider par le Congrès, mais qu'il a choisi d'effectuer sans validation du Congrès, en utilisant la procédure prévue pour les nominations à effectuer d'urgence quand le Congrès ne siège pas alors qu'il n'y avait pas d'urgence et que le Congrès siégeait[40], la lumière semblerait s'éteindre.

Barack Obama n'a pas remis explicitement en cause la liberté d'entreprendre, bien sûr. Il n'a pleinement et effectivement nationalisé aucune entreprise et aucune banque. Il n'a pas supprimé d'un trait de plume le droit de propriété aux Etats-Unis.
Il n'a pas non plus remis en cause directement la Constitution et le Bill of Rights.

Il a procédé autrement.

Il n'a pas remis en cause de manière directe et frontale les principes du capitalisme américain ou ceux de la république. Il a procédé de façon plus biaisée.

---

[39] Cf. John Fund, « Still the Alinsky Playbook », nationalreview.com, 29 mars 2012.
[40] Edwin Meese III et Todd Gaziano, « Obama's recess appointments are unconstitutional », washingtonpost.com, 11 janvier 2012.

Il n'en est pas moins arrivé à des résultats.

En deux années seulement, il a mené à bien la plus grande transformation économique, juridique et sociale qu'ait connu le pays depuis les années de la présidence de Franklin Roosevelt, et il est, sous divers angles, allé plus loin que Franklin Roosevelt.

D'une année sur l'autre, de 2008 à 2009, les dépenses publiques se sont accrues de plus de quarante pour cent, ce qui est le plus grand accroissement en rythme annuel de l'histoire du pays[41].

En une seule année, entre février 2009 et février 2010, la dette du pays s'est trouvée creusée d'une somme supérieure à la dette creusée sous les quarante-trois Présidents précédents réunis.

Depuis février 2009, le déficit budgétaire en rythme annuel s'est trouvé multiplié par quatre : sous George W. Bush, le déficit budgétaire moyen s'élevait à trois cent

---

41 Sur ce point et les suivants, cf. Brian Riedl, « The Obama Budget : Spending, Taxes, and Doubling the National Debt », heritage.org, 16 mars 2009. Voir aussi Brian Riedl, « New CBO Budget Baseline Reveals Permanent Trillion-Dollar Deficits », heritage.org, 26 janvier 2011. Sur l'absence d'effets positifs de ce type de dépenses, voir Lee Ohanian et Harold L. Cole, « Stimulus and the Great Depression », *Hoover Digest*, Janvier 2012.

milliards de dollars, il est passé d'un seul coup à mille quatre cent milliards de dollars[42].

Le nombre de chômeurs et de nécessiteux n'a pas atteint le niveau qui était le sien au temps de la Grande Dépression, le nombre d'entreprises en dépôt de bilan n'est pas aussi catastrophique qu'à l'époque.

Mais au temps de Franklin Roosevelt, il n'existait pas autant de moyens de redistribution, donc autant de possibilités d'user de ces moyens, de faire passer des gens de la catégorie des salariés à une autre catégorie, qui attend le chèque en fin de mois.

Franklin Roosevelt n'a pas nommé autant de gens fidèles et « tenus » à autant de positions : ne serait-ce que parce que le nombre des positions était moins élevé et les bureaucraties moins proliférantes.
Barack Obama n'est pas socialiste. S'il l'était, il ne pourrait, de toute façon, pas le dire.
Il reste dans le cadre du capitalisme et de la république. Il a mis en œuvre en même temps le glissement rapide vers autre chose, qui n'a pas reçu de nom. Les mots « économie guidée » que certains ont utilisés ne décrivent pas vraiment ce dont il s'agit, les mots « économie dirigée » ou « économie mixte » ne conviennent pas davantage. L'expression « république

---

42 Sur ces chiffres, cf. Jeffrey H. Anderson, « The Cost of Obama », weeklystandard.com, 14 février 2012.

captive » ne décrit pas davantage ce qu'Obama a tenté de faire de la république américaine.

Le terme *gangster capitalism*, choisi par un journaliste pour en faire le titre d'un livre explicatif est plus adéquat[43]. Le terme *crony capitalism*, capitalisme d'accointances et d'interdépendances, utilisé par le chroniqueur Michael Barone convient mieux encore, dans la mesure où tous ceux impliqués ne sont pas des *gangsters*, mais il convient à condition qu'on souligne l'étendue des accointances et des interdépendances[44].

L'argent dépensé par centaines de milliards n'a pas été du tout perdu pour tout le monde, et si la « stimulation » a ruiné le pays et l'a asservi à ses créanciers, elle a aussi gonflé considérablement certains comptes en banque. Elle a permis, en outre, de favoriser certains secteurs et d'en sinistrer d'autres.

Les réglementations proliférantes ont broyé des entreprises et ont justifié que des sommes inimaginables soient données à d'autres entreprises qui, parfois, n'ont existé que sur le papier ou le temps de poser une plaque de métal sur la porte d'entrée d'un bâtiment.

---

[43] David Freddoso, *Gangster Government : Barack Obama and the New Washington Thugocracy*, Regnery Publishing, 2011.
[44] Michael Barone, « Under Obama, Crony Capitalism Again Rules the Day », washingtonexaminer.com, 15 février 2010.

La bureaucratie de la santé qui a commencé à s'élaborer s'est trouvée conçue sur un mode qui « protège » des entreprises pharmaceutiques et offre des compensations à divers assureurs en échange de leur silence[45].

Les grandes entreprises financières elles-mêmes « protégées » vont de pair avec la mise au pas de petites et de moyennes banques.

Un système presque maffieux s'est mis en place au sein duquel il vaut mieux verser ce qui est requis au parti démocrate et à la caisse de campagne d'Obama si on veut bénéficier de faveurs, et au sein duquel ne rien verser risque de conduire à des amendes, des sanctions, voire au dépôt de bilan.

Un favoritisme a bénéficié à de très grandes entreprises industrielles qui « remboursent » ce favoritisme par des retombées financières très directes auprès de ceux et de celui dont émane le favoritisme : Barack Obama est très lié, ainsi, avec Jeffrey Immelt, président de General Electric, qui se trouve être membre de l'Economic Recovery Advisory Board de l'administration Obama depuis janvier 2009, qui est aussi l'heureux bénéficiaire de 224 milliards de dollars de contrats divers signés par l'administration Obama, et qui contribue généreusement à la campagne de 2012[46].

---

45 Cf. David Freddoso, *op.cit.*

46 Cf. Michelle Malkin, *Culture of Corruption : Obama and His Team of Tax Cheats, Crooks, and Cronies*, Regnery Publishing,

Les syndicats, les organisations d'« organisateurs de communauté », d'autres mouvements aussi ont touché des millions par centaines et « remboursent » à leur manière tout en se voyant assurés d'avoir droit de regard sur les nominations et décisions de l'administration dans le domaine du travail, du commerce, du « secteur social ».

La principale organisation d'« organisateurs de communauté », ACORN, Association of Community Organizers for Reform Now, a reçu, pour ses diverses branches, un peu plus de cinq milliards de dollars de « stimulation », une « rémunération » qui n'a pas de précédents aux Etats-Unis. Et si ACORN a été dissoute en 2010 suite à la révélation de pratiques frauduleuses de plusieurs de ses branches, elle s'est reconstituée sous le nom de Community Organizations International(COI), et se mobilise elle aussi à la demande[47].

Les grandes entreprises financières « protégées » savent, bien sûr, que leur « protection » a un prix. Elles savent

---

2010 ; Larry Kudlow, « GE's Immelt on the Hot Seat », nationalreview.com, 21 janvier 2011 ; Michelle Malkin, « Obama and GE's CEO Immelt Pairing : Where Duplicity, Corruption and Self-Interest Reign », townhall.com, 7 avril 2012.

[47] James Delingpole, « Barack Obama : ACORN's Manchurian Candidate ? », telegraph.co.uk, 16 septembre 2009 . Voir aussi Matthew Vadum, *Subversion, Inc. : How Obama's ACORN Red Shirts are Still Terrorizing and Ripping Off American Taxpayers*, WND Books, 2011.

aussi qu'elles peuvent gagner en spéculant à la baisse sur l'asphyxie graduelle du pays. Elles ne sont pas seules à savoir, et divers gérants de *hedge funds* discernent fort bien les opportunités qui s'offrent et n'oublient pas de récompenser celui qui offre les opportunités.

Les laboratoires pharmaceutiques « protégés » et les assureurs disposant de « compensations » n'oublient pas de récompenser aussi. Certains ont même été invités à financer l'élaboration du projet d'assurance publique fédérale à laquelle réfléchit le Center for American Progress, *think tank* financé par ailleurs par des gérants de *hedge funds* en même temps que par l'administration[48].

La mise sous contrôle d'internet qui s'est enclenchée a poussé des protagonistes importants du web, tels Mark Zuckerberg de Facebook, et Reid Hoffman de LinkedIn à comprendre où se situait leur intérêt.

Des gros contributeurs à la campagne d'Obama en 2008 se sont vus attribuer, en récompense, des sommes très importantes pour, officiellement, créer des entreprises. Un nommé George Kaiser, a ainsi reçu un demi milliard de dollars pour fonder une société censée fabriquer des panneaux solaires, Solyndra. L'entreprise a fait faillite deux ans après sa création. Le demi milliard de dollars a

[48] Sur ces divers points, voir Michelle Malkin, *Culture of Corruption*.

disparu dans des comptes très opaques. Des journalistes se sont intéressés au dossier. La justice a été saisie : elle n'a pas trouvé de coupable et n'en trouvera pas. Mais George Kayser et Solyndra ne sont qu'un exemple parmi d'autres.

Le secteur immobilier, utilisé pour fabriquer la crise dans les années d'avant l'arrivée au pouvoir d'Obama, est impliqué et pris en compte. Il se trouve maintenu dans une situation où il ne peut s'assainir et où les prix de marché ne peuvent s'établir[49].

De multiples banques ont en stock des dizaines de milliers de maisons et d'appartements dont elles sont propriétaires car leurs acquéreurs, soit n'ont plus eu la capacité financière de rembourser les traites, et ont été expulsés, ou ont préféré partir plutôt que continuer à payer des traites sur un emprunt de trois ou quatre cent mille dollars, alors que le logement qu'ils occupaient n'en valait plus que le tiers, ou le quart. Elles revendent peu à peu leurs stocks, assez lentement, pour que les prix ne s'effondrent pas, car elles y perdraient alors davantage qu'elles ont déjà perdu, et elles se savent sous surveillance, à la merci de l'administration. De grandes institutions financières liées à l'administration, en

---

[49] Voir Les Christie, « More than 30% of mortgage borrowers still underwater », money.cnn.com, 24 mai 2012 ; David Freddoso, « Obama's Real-Estate Bust », nationalreview.com, 16 juin 2010.

parallèle, rachètent des maisons et appartements, et constituent leur propre stock.

D'innombrables agences immobilières sont au bord de l'asphyxie et à la merci de qui peut leur plonger la tête sous l'eau. Des petits propriétaires appauvris sont eux-mêmes à la merci.

Le programme de construction de « logements abordables », lancé alors que des milliers de logements devenus soudain très abordables sont sur le marché permet que la situation dure.

La décision prise par l'administration Obama, à l'automne 2009 de supprimer les abattements fiscaux des propriétaires de biens immobiliers remboursant un prêt contribue aussi à ce que la situation dure[50].

Un autre secteur est impliqué et pris en compte : les professions juridiques, et en particulier, les *trial lawyers*, avocats spécialisés dans le dépôt de plaintes contre des hôpitaux privés, ou contre des entreprises, pour les motifs les plus divers. Les *trial lawyers* ont été incités à déposer davantage de plaintes, assurés de la bienveillance des juges fédéraux si le plaintes étaient dirigées dans la « bonne » direction, utilisés, instrumentalisés. L'American Association for Justice (AAJ), association de

[50] Frank McGuire, « Obama Reduced Mortgage Tax Breaks, Charitable Deductions Failing », moneynews.com, 1er mars 2010.

trial lawyers, travaille avec le Department of Justice de l'administration Obama pour définir les cibles des procès intentés, les buts, les finalités, les gens à incriminer. L'American Association for Justice est un des rouages de l'ensemble, un outil, et les *trial lawyers* des instruments[51].

Le *crony capitalism* façon Obama s'est mis en place en deux ans seulement. La plus grande transformation économique, juridique et sociale qu'ait connu le pays depuis les années de la présidence de Franklin Roosevelt, disais-je.

Et j'ajoutais que, sous divers angles, Obama était allé plus loin que Franklin Roosevelt. En termes de dépenses, de déficits et d'endettements. Mais pas uniquement. Le *crony capitalism* façon Obama n'a pas vraiment de précédents.

Barack Obama s'est conduit en révolutionnaire, disais-je.
À la façon Saul Alinsky. En apportant la ruine, la soumission, le clientèlisme, une infinité de mises sous tutelle. En détraquant.

---

[51] Cf. « Why Democrats won't cross the trial lawyers », washingtonexaminer.com, 31 août 2009. Voir aussi Andrew Stiles, « The Trial-Lawyer Full Employment Act », nationalreview.com, 29 sptembre 2011 ; Devin Dwyer, « Obama to Benefit From 'Special Interests' Via Super PAC », abcnews.go.com, 7 février 2012.

Et son intention n'a jamais été de s'arrêter là.
Il a entendu continuer au delà de ses deux premières années de présidence, et il a continué. Dans des conditions changées. Sur un autre mode.

Car les conditions ont changé.

Barack Obama pensait avoir tous les leviers en main, avancer vers l'irréversibilité, l'avoir atteint peut-être. Le *crony capitalism* tournait. Le pays se démantelait et sombrait. Des fidèles étaient aux postes clés.

Les grands médias, la culture et l'éducation étant depuis des années aux mains de femmes et d'hommes imprégnés des idées de la contre-culture née dans les années 1960 et de celles constituant le « politiquement correct », il considérait que les esprits étaient tenus.

Il s'imaginait que ceux imprégnés encore d'idées différentes seraient broyés, et que les quelques médias réticents seraient à même d'être exclus, réduits à influence marginale.

Il s'imaginait que la résignation l'emporterait.

Il a sous-estimé la possibilité que se lève face à lui une révolte.

Et une révolte s'est levée pourtant.

Lorsque la révolte s'est levée, il a imaginé pouvoir l'écraser en la discréditant et en la méprisant. Mais il n'est pas parvenu à l'écraser, malgré les moyens mis en œuvre à cette fin.

La révolte a, au contraire, pris de l'ampleur et de la puissance.

Elle est née du sentiment que les institutions et le pays lui-même étaient en danger, et parce que ce sentiment semblait fondé à des multitudes, il s'est propagé irrésistiblement.

La révolte s'est réclamée de la Constitution, du Bill of Rights, des pères fondateurs. Très précisément. Parce que, si Barack Obama n'a pas remis en cause directement la Constitution, le Bill of Rights et les idées des pères fondateurs, il a semblé les remettre en cause néanmoins.

La révolte s'est réclamée de la liberté d'entreprendre, du droit de propriété, du droit et de la liberté tout court.

Elle a repris le nom de l'un des événéments fondateurs de la révolution américaine, la Boston Tea Party par laquelle un groupe d'insurgés appelés les Fils de la liberté ont jeté une cargaison de thé anglais à la mer, un jour de décembre 1773. La Boston Tea Party était un rejet du comportement, jugé tyrannique du gouvernement de

Londres à l'époque, un refus des taxations abusives et des règles arbitraires[52].

Les *tea parties* de 2009 et 2010 ont été porteuses d'un même rejet. Elles ont été porteuses de l'idée que le pays glissait vers la tyrannie et l'arbitraire, et que la tyrannie et l'arbitraire devaient être refusés[53].

Elles ont rassemblé des millions de gens dans tout le pays. Elles ont constitué un réveil du mouvement conservateur, très présent depuis longtemps, mais largement silencieux depuis des années, car les conservateurs, en général, ne manifestent pas. Ils soutiennent des candidats et ils votent. Ils se répètent à eux-mêmes que les Etats-Unis sont un pays libre, et ils en sont certains.

Dans les *tea parties*, les conservateurs ont, cette fois, manifesté, calmement, paisiblement. Ils ont soutenu des candidats. Ils ont voté.

---

[52] Cf. Harlow Giles Unger, *American Tempest : How the Boston Tea Party Sparked a Revolution,* Da Capo Press, 2011 ; Pamela Duncan Edwards et Henry Cole, *Boston Tea Party,* Putnam, 2011.

[53] Cf. Theda Skocpol et Vanessa Williamson, *The Tea Party and the Remaking of Republican Conservatism,* Oxford University Press, 2012 ; Mark Meckler , Jenny Beth Martin, *Tea Party Patriots : The Second American Revolution,* Henry Holt and Co., 2012.

En conséquence du vote, en novembre 2010, les élections de mi mandat ont vu Barack Obama perdre les pleins pouvoirs dont il disposait jusque là[54].

À un Congrès dont les deux chambres étaient aux mains des démocrates et agissaient en synergie avec Barack Obama a succédé un Congrès différent.

Une Chambre des représentants, à majorité démocrate, et dirigée par Nancy Pelosi, tout aussi révolutionnaire que Barack Obama, a été remplacée par une Chambre des représentants à majorité républicaine comptant parmi ses membres nombre de gens issus des *tea parties*.

À un Sénat à nette majorité démocrate dirigé par Harry Reid, lui-même aussi révolutionnaire qu'Obama, a succédé un Sénat à faible majorité démocrate, et si Harry Reid a conservé son poste, cela n'a été que de justesse. Le nouveau Sénat compte lui-même parmi ses membres des gens issus des *tea parties*.

Barack Obama, dès lors, a dû s'adapter.

Il a usé de tous les acquis et de tous les atouts dont il disposait. Son administration et ses tsars. Les agences gouvernementales. Le *crony capitalism*.

Il a mis en œuvre une guerre de position.

---

[54] Jim Geraghty, « The Midterms Answered a Lot of Questions, but Not All », nationalreview.com, 10 novembre 2010.

Il a changé de discours[55].

Il n'avait plus beaucoup parlé d'« espoir » après son arrivée à la Maison Blanche. Il n'a, après novembre 2010, plus parlé d'« espoir » du tout.

Il avait présenté la « loi de stimulation » comme à même de créer une prospérité mirifique. Il n'a plus, après novembre 2010, évoqué cette perspective.

Il avait présenté la loi sur la santé comme porteuse de potentialités idylliques, et il avait fait comme s'il ne s'apercevait pas que la majorité de la population américaine n'en voulait pas et n'y croyait pas. Il n'a plus, après novembre 2010, évoqué ces potentialités, et il a continué à faire comme s'il ne voyait pas que la majorité de la population américaine n'en voulait pas et n'y croyait pas.

Il avait présenté la loi sur Wall Street comme à même de placer Wall Street sous contrôle. Depuis novembre 2010, il trouve la loi sur Wall Street très insuffisante.

Il avait, pour la façade, fait appel à des « experts » très honorables, leur avait donné la position de « conseil-

[55] Cf. Floyd and Mary Beth Brown, « Obama's Post-Midterm Strategy to Squeeze the Voters », townhall.com, 10 novembre 2010 ; Stephen Spruiell, « President Obama's Puzzling Political Strategy for After the Midterms », nationalreview.com, 27 octobre 2010.

lers », quand bien même il n'attendait d'eux aucun conseil, et il les avait choisi professeurs d'économie dans les meilleures universités du pays, keynesiens, cela va de soi, donc à même de ne pas protester contre des lois qui présentaient toutes les apparences d'une immense relance par la demande inspirée de la Théorie générale. Il a, en novembre 2010, laissé les « experts » très honorables retourner vers leurs universités.

Il est passé au combat.

Il disposait de troupes, syndicalistes et organisateurs de communauté, militants de gauche et d'extrême gauche divers, et il a commencé à utiliser ses troupes.

Il disposait de stratèges. Divers visiteurs du soir qui ont beaucoup fréquenté la Maison Blanche depuis janvier 2009, Andrew Stern, président jusqu'à une date récente du Service Employees International Union (SEIU), syndicat des employés du secteur public, ou Wade Rathke, fondateur d'ACORN et co-fondateur du SEIU. Le principal concepteur de sa campagne de 2008, David Axelrod. Sa principale conseillère, Valerie Jarrett.

Une stratégie a été élaborée et mise en œuvre.

Obama désigne des coupables. Il clive. Il divise, ai-je écrit. Il démolit. Il diffame et laisse diffamer. Il manipule. Il use de toutes les ressources de l'agitation et de la propagande accumulées dans les décennies d'avant la présidence, tous les réseaux utilisables, toutes les ressources disponibles.

Il ne nie pas la pauvreté et le chômage et ne promet même pas de les faire reculer : il en tire prétexte pour incriminer les « riches », les « puissants », les détenteurs du grand capital, comme s'il ne les avait pas fréquenté et ne les fréquentait pas et comme s'il n'avait aucun lien de *cronyism*.

Il ne nie pas l'endettement et les déficits. Il en parle comme s'ils étaient la faute des « riches », des « puissants ». Et il invoque la nécessité de dépenser encore beaucoup plus, pour tirer, éventuellement, les pauvres et les chômeurs de leur condition et, en tout cas, pour mieux leur venir en aide. Il invoque aussi la nécessité d'augmenter drastiquement les taxes, les impôts, les réglementations, pour que les « riches », les « puissants » paient leur « juste part »[56].

Il ne travaille pas avec le Congrès, mais contre le Congrès, et traite les Républicains, les conservateurs, les gens issus des *tea parties* moins comme des adversaires que comme des ennemis à abattre.

[56] Cf. Larry Kudlow, « Obama's Big Class-Warfare Theme », nationalreview.com, 12 décembre 2011 ; Mark Steyn, « Obama Has No Real Plan Other Than Class Warfare », nationalreview.com, 14 avril 2012.

Il a, à l'automne 2010, renoncé à faire voter le budget de l'année 2011 par un Congrès dont les deux chambres étaient toujours à majorité démocrate. Et il a délibérément attendu que le nouveau Congrès siège pour lui soumettre le texte, le 14 février 2011, sachant la majorité républicaine à la Chambre des représentants refuserait tant le texte contenait de dépenses inutiles et non financées[57].

Il savait que la Chambre des représentants refuserait le texte. Son but était le refus.

Depuis, le budget de l'année 2011 n'a toujours pas été adopté, le budget de l'année 2012 n'a été présenté qu'au mois de mai, et n'a lui-même pas été adopté. Faute de voir un budget cohérent arriver sur leurs bureaux, les Républicains de la Chambre des représentants ont présenté une proposition de budget pour 2012 : elle n'a été examiné ni par la Maison Blanche, ni par le Sénat. Le Congrès doit, dès lors, voter les dépenses courantes, au jour le jour, hors de tout cadre budgétaire. Dans une atmosphère de confrontation permanente[58].

---

[57] Cf. Fred Barnes, « Obama's Pathetic Budget », weeklystandard.com, 14 février 2011 ; Mark McKinnon, « The Coming Budget War : Barack Obama Vs. Paul Ryan », thedailybeast.com, 3 avril 2011.

[58] Ramesh Ponnuru, « The Obama Budget Strategy », nationalreview.com 10 avril 2012. En mai, Obama a présenté un budget tellement inacceptable que le Sénat à majorité démocrate l'a lui-même rejeté de façon quasiment unanime, cf. Nash Keune, « Obama's Budget Gets Shut-Out, 99–0 »,

Barack Obama a renoncé aussi, dès l'automne 2010, à faire adopter un relèvement du plafond de la dette du gouvernement fédéral. Il n'a pas même demandé ce relèvement lorsqu'il a présenté le budget 2011 au nouveau Congrès.

Il a attendu que le plafond d'endettement fixé par la loi soit atteint, fin juillet 2011, pour procéder à une demande, certain que la majorité républicaine à la Chambre n'accepterait le relèvement qu'en l'assortissant de conditions strictes à même de désendetter le pays.
Il savait que la Chambre poserait ce type de conditions et que lui, Barack Obama, refuserait la moindre proposition républicaine.

Le blocage résultant a conduit le pays au bord du défaut de paiement, celui-ci n'a été évité à l'ultime minute que par un accord de compromis impliquant la mise en place d'un comité bipartisan chargé de suggérer des baisses de dépenses publiques. À chaque réunion du comité, des suggestions ont été énoncées : les seules à avoir trouvé grâce aux yeux de Barack Obama ont été celles concernant le budget de la défense.

Comme aucune baisse n'a été ratifiée, Barack Obama a « suggéré », en janvier 2012, un nouveau relèvement de plafond. Sans doute attendra-t-il que le plafond fixé en

---

nationalreview.com, 16 mai 2012 ; Daniel Halper, « Obama's Budget Fails in Senate : 99-0 », weeklystandard.com, 16 mai 2012.

juillet 2011 soit atteint pour passer de la suggestion à une nouvelle demande. Et sans doute y aura-t-il un nouveau blocage. Sauf si quelqu'un dans l'entourage de Barack Obama suggère une autre manœuvre avant le 6 novembre 2012.

L'agence Standard and Poor's ayant, suite au blocage de juillet 2011, dégradé la note de la dette américaine pour la première fois de l'histoire. Obama en a profité pour parcourir le pays en prononçant à chaque étape un discours bien rôdé et très accusateur. « Les Républicains font passer l'intérêt de leur parti avant celui du pays. Ils sont prêts à détruire l'Amérique afin de gagner les élections, plutôt que de la laisser gagner avec moi[59] ».

En septembre 2011, laissant entendre que la stimulation n'avait pas été assez forte, il a décidé de présenter une deuxième loi de stimulation intitulée « loi pour l'emploi ». Pour rendre solennelle la présentation de la loi, il a convoqué les deux Chambres du Congrès et prononcé un discours dans lequel il a souligné lui-même que la loi était « raisonnable », et « consensuelle ». Après avoir accusé les Républicains de vouloir rendre « l'eau plus sale », « l'air plus irrespirable » et de vouloir laisser mourir les indigents dans le caniveau, il leur a solennellement demandé de « dépasser les clivages partisans ».

---

[59] Cf. John Podhoretz, « Obama's "Country Before Party" Nonsense », commentarymagazine.com, 9 mai 2011.

Comment ? En acceptant quatre cent soixante-dix milliards de dollars de dépenses supplémentaires en une seule année. Ainsi, a-t-il ajouté, des routes et des ponts seront construits, des écoles rénovées, des formateurs recrutés. Ces dépenses, a-t-il continué, seront financées. De nouveaux revenus sont immédiatement disponibles pour le gouvernement, a-t-il conclu. Lesquels ? L'argent des « riches », bien sûr. L'argent des « puissants ». Celui de tant d'entrepreneurs égoïstes.
Usant d'un ton martial et impérieux, il a répété plus de dix fois en trente minutes de discours : « La loi est là. Votez-la immédiatement ».
Il n'a pas ajouté que quiconque ne voterait pas la loi serait un criminel, mais il l'a laissé entendre. Et il a stipulé que ne pas voter la loi serait « anti-américain[60] ».

La loi n'a, bien évidemment, pas été votée. Obama savait, bien évidemment, que la loi ne serait pas votée.

Depuis, il est reparti parcourir le pays, et il le parcourt toujours. Il le parcourra jusqu'à novembre 2012. Le discours n'a pas besoin de changer beaucoup. Les Républicains ? Leur parti avant le pays ! « Ils veulent détruire le pays pour gagner les élections ». « Ils refusent que les Américains aient du travail ». « Ils sont au service des milliardaires ».

---

60 Michael Barone, « Obama's Jobs Speech : The Audacity of Weakness », nationalreview.com, 5 septembre 2011 ; Thomas Sowell, « Back to the Future ? », townhall.com, 13 septembre 2011.

D'autres stratagèmes seront utilisés sans nul doute avant le jour de l'élection. D'autres propositions seront avancées, d'autres lois peut-être.

Aucune proposition et aucune loi ne sera conçue pour redresser le pays. Rien de ce que dit ou de ce que fait Obama n'est destiné à redresser le pays.

Il clive et divise, ai-je noté. Il démolit. Il manipule.

Il laisse courir la pauvreté et le chômage, mais il prétend comme jamais s'efforcer de les faire disparaître. Et il invoque désormais l'obstacle. Non seulement les « riches » et les « puissants » que lui, Barack Obama veut si ardemment abattre, mais surtout leurs agents : les Républicains.

Il laisse courir l'endettement et les déficits, mais il prétend comme jamais vouloir les résorber. S'il ne peut pas, laisse-t-il entendre, c'est qu'il y a l'obstacle. Les « riches ». Les « puissants ». Et bien sûr, leurs agents. Les Républicains !

Il entend dépenser toujours et dépenser encore, mais il affirme que les dépenses, fussent-elles chiffrées en centaines de milliards, sont « payables » et seraient engagées et payées. S'il n'y avait pas l'obstacle. Toujours le même.

Son objectif est de susciter des affrontements, des confrontations, des déstabilisations, des effets permettant de gripper le fonctionnement du pays et des institutions et de le faire tout en en attribuant la responsabilité à ceux qui lui font face et en tentant ainsi de leur attribuer toute la responsabilité de toute la situation.

Son objectif est de susciter le plus d'effets délétères possibles tout en faisant retomber la faute des effets délétères sur ses ennemis.
Son objectif est de retourner la défaite de novembre 2010 en sa faveur et en laissant entendre aux Américains qu'ils ont, sans s'en apercevoir, laissé des monstres faire irruption dans le pouvoir législatif et qu'ils doivent maintenant ouvrir les yeux et éviter de commettre une erreur plus grave encore en 2012[61].

Son but est de pousser les Républicains à se renier, ou à prendre le risque de devenir la proie d'une diabolisation effrénée.

Barack Obama se conduit en révolutionnaire.

A la façon Saul Alinsky.

Il continue à détraquer. Autrement.

---

[61] Jim Geraghty, « After Decrying Scare Tactics, Obama Embraces Scare Tactics » , nationalreview.com, 12 juillet 2011.

Il entend transformer une défaite en victoire en s'efforçant de mettre dans leur tort ceux qui ont gagné, en tentant de leur faire endosser le désastre même auquel les électeurs qui les ont élus leur ont demandé de remédier. Il en profite pour accentuer le désastre en disant qu'il veut au contraire que le désastre s'arrête, mais que ce n'est pas sa faute. Mais celle des monstres.

Son intention est de gagner en novembre 2012, de retrouver les pleins pouvoirs, de détruire les Républicains, tout particulièrement les conservateurs, les gens issus des *tea parties*.

Il est prêt à détruire corps et biens qui pourrait lui faire obstacle. Il fera tout, strictement tout, pour que les gens issus des *tea parties* connaissent la déroute et ne s'en relèvent pas, tout, vraiment tout, pour que le conservatisme agonise et meure, tout, vraiment tout, pour que le parti républicain connaisse une débâcle telle qu'il ne s'en relève pas avant au moins une décennie, et d'ici là, lui suggère-t-on, les Etats-Unis auront tellement changé qu'une alternance ne sera plus une alternance.

Il fustige les « riches », les « puissants » comme il ne l'a jamais fait auparavant : il épargnera ceux des « riches » et des « puissants » qui sont ses *cronies*. Le *crony capitalism* fonctionne ainsi. Il traitera les autres comme il le doit dans le cadre du *crony capitalism*, et cela a déjà commencé. Cela s'accentue et s'accentuera, simplement. Il présentera, cela va de soi, son adversaire républicain comme le candidat des riches, et l'accusera en sourdine d'être lui-même un homme riche[62].

Alors que j'écris ces lignes, Obama parle et agit. Le *crony capitalism* tourne. Des fidèles d'Obama sont aux postes clés. La campagne a lieu. Le nombre des pauvres et des chômeurs s'accroît. Les dettes et les déficits se creusent.

Les Républicains au Congrès s'efforcent d'expliquer, de répondre aux injures, de déjouer les stratagèmes présents et à venir.

Les conservateurs, les gens issus des *tea parties* sont mobilisés.

Le candidat républicain à la présidence fait campagne.

La révolte n'a plus l'intensité qui fut la sienne jusqu'à l'automne 2010, mais elle n'est pas retombée.

Tout un ensemble de médias conservateurs, chaînes de télévision avec Fox News, programmes de talk radio avec Rush Limbaugh, Glenn Beck, Sean Hannity, divers autres, magazines tels la *National Review*, le *Weekly Standard*, *Commentary* informent et disent ce que les grands médias ne disent pas.

Le combat est en cours.

---

[62] Lloyd Marcus, « Obama's 'Hate the Rich' Campaign », americanthinker.com, 26 septembre 2011.

Obama et ceux qui l'entourent et l'accompagnent savent ce qu'ils veulent. Ils n'ont cessé de savoir ce qu'ils voulaient. Ils ont avancé et ils avancent.

Ce qu'ils ont accompli est d'ores et déjà, si on regarde les choses sous l'angle de la liberté et de la prospérité à moyen terme, effroyable.

Le pays n'est plus ce qu'il était à l'automne 2008. Ce qui se délitait déjà se délite davantage. Ceux qui incarnaient le refus de l'Amérique telle qu'elle a été et telle qu'elle est encore tiennent le haut du pavé.

Des millions de gens ressentent le déclin qui se dessine et le remodelage du pays qui est enclenché, et ils sont inquiets, désabusés, amers parfois.

Barack Obama ne parle plus d'espoir, non.

Un disciple de Saul Alinsky n'aurait parlé d'espoir que le temps d'une élection. Il saurait que les idiots utiles ne servent que jusqu'au moment où ils deviennent des idiots inutiles. Et c'est ce qu'a fait Barack Obama[63].

---

[63] Sur ce sujet, cf. David Horowitz, Liz Blaine, *Breaking the System, Obama's Strategy for Change*, David Horowitz Freedom Center, 2011. Voir aussi David Horowitz, *Barack Obama's Rules for Revolution. The Alinsky Model*, David Horowitz Freedom Center, 2010.

Un disciple de Saul Alinsky aurait multiplié les pauvres, les assistés, les dettes, les dépenses inutiles pour précipiter la chute. Et c'est ce qu'a fait Barack Obama.

Un disciple de Saul Alinsky aurait instauré un *crony capitalism* pour « détruire le système de l'intérieur », pour assurer des dépendances, créer des clientèles ; il aurait placé des agents dans tous les maillons de la société ; il se serait constitué des armées de réserve pour une guerre de classe. Et c'est ce qu'a fait Barack Obama.

Un disciple de Saul Alinsky aurait pris la défaite de l'automne 2010 comme une opportunité à ne pas laisser passer. Et c'est ce qu'a fait Barack Obama.

Un disciple de Saul Alinsky aurait cité Franklin Roosevelt, au commencement. Puis, dans des circonstances telles que celles d'aujourd'hui, tout en gauchisant la tonalité d'ensemble de son discours, il serait passé à un autre Roosevelt, Theodore. Et c'est encore ce qu'a fait Barack Obama.

Franklin Roosevelt fut un Président aux accents sociaux démocrates. Ce fut le New Deal. La référence a été utile. Elle ne l'est plus. Theodore Roosevelt, Président de 1901 à 1909, incarnation d'une aile gauche du parti républicain, chef de file ensuite du « mouvement progressiste », mouvement imprégné de « justice sociale » est plus utile aujourd'hui. Citer Theodore

Roosevelt permet tout à la fois d'accentuer le discours contre les « riches », d'afficher ouvertement une volonté de remodeler l'intégralité de la société américaine et de se référer au « progrès » et au républicanisme.

Barack Obama a cité Franklin Roosevelt. Il se drape aujourd'hui dans le manteau de Theodore Roosevelt. Il s'est même rendu le 6 décembre 2011 à Osawatomie, Kansas, là où Theodore Roosevelt avait tenu, le 31 aout 1910, un discours fondateur, et il a lui-même tenu un « discours fondateur » dans lequel il a cité Theodore Roosevelt[64].

Tout en citant Theodore Roosevelt, il s'appuie sur les syndicalistes et les organisateurs de communauté. Il accepte la violence. Il a pu, même, donner sa caution à des actions radicales telles celles menées par le mouvement Occupy Wall Street, dont les inspirateurs ont été, parmi d'autres, Andrew Stern et Wade Rathke, et dont un organisateur a été Anthony Kapel « Van » Jones, ancien tsar de Barack Obama, communiste et fier de l'être[65].

---

[64] Cf. Joshua D. Hawley, « Undoing Osawatomie », weeklystandard.com, 19 décembre 2011 ; Charles Krauthammer, « Obama's campaign for class resentment », washingtonpost.com, 8 décembre 2011.

[65] Cf. Jacob Laskin, « Van Jones' Tea Party Envy », frontpagemag.com, 7 octobre 2011 ; Mark Steyn, « American Autumn », nationalreview.com, 8 octobre 2011 ; Matthew Vadum, « The Left's Spring Offensive », frontpagemag.com, 17 avril 2012.

Obama peut, le temps d'une campagne, parler de rassemblement, mais fondamentalement, il divise et attise les sentiments d'hostilité.

Il peut, le temps d'une campagne, sembler paisible et apaisant. Mais il est porteur depuis longtemps d'autre chose que le calme. Tout en employant, un instant, un ton paisible et apaisant, il peut l'instant suivant employer un ton très différent.

Il peut se référer à l'Amérique, mais l'Amérique qu'il veut serait une Amérique d'après la destruction de l'Amérique telle qu'elle fut depuis deux siècles et telle qu'elle est encore.

Il sait ce qu'il veut.

Ceux qui lui font face savent eux aussi ce qu'il veut.

Le candidat républicain à la présidence sait lui aussi ce qu'Obama veut. Il lui est arrivé de parler d'Obama comme d'un « brave type qui a dépassé son seuil d'incompétence ». Mais il sait qu'il s'agit d'autre chose, et que le problème n'est pas l'incompétence.

Obama a ses troupes, ses militants, ses agents, ses obligés, ses *speech writers*.

Ceux qui lui font face sont moins organisés, même s'ils le sont aussi. Ils ont moins de moyens. Ils n'ont pas à leur disposition tout l'appareil gouvernemental. Mais ils ont conscience de ce qui est en jeu.

Obama a, autour de lui, des gens très mobilisés.
Ceux qui lui font face sont porteurs d'une mobilisation qui a changé depuis les premiers soulèvements anti Obama, mais qui persiste.
Obama dispose des grands médias.

Ceux qui lui font face disposent des médias conservateurs.

Le combat a commencé.

Ou plus exactement, le combat se poursuit, car la vague qui a porté Obama jusqu'à la Maison Blanche vient de loin, des années de la contre-culture et des thèses de Saul Alinsky, dont *Rules for Radicals* a été publié il y a quarante années, en 1971[66].

La vague conservatrice vient de loin elle aussi, de bien plus loin que la vague radicale dont vient Barack Obama.

La révolte s'est réclamée initialement de la Boston Tea Party, de la Constitution, du Bill of Rights, des pères fondateurs, et c'est cela, effectivement, qu'elle veut préserver et faire vivre : l'esprit de la Boston Tea Party,

---

[66] Saul Alinsky, *Rules for Radicals*, rééd. Vintage, 1989.

celui de la Constitution et du Bill of Rights, celui des pères fondateurs.

La révolte s'est d'emblée réclamée de la liberté d'entreprendre, du droit de propriété, du droit et de la liberté tout court. Et c'est aussi cela qu'elle veut préserver et faire vivre.

La révolte née avec les *tea parties* a aujourd'hui les allures d'un mouvement plus calme, mais présent, ancré comme une vigilance.

Elle veut la défaite d'Obama, le démantèlement de ce qu'Obama a mis en place, la reconstruction plus loin que les décombres, le retour d'un Républicain à la Maison Blanche aux fins que la reconstruction puisse s'enclencher.

Obama et les siens veulent poursuivre ce qu'ils ont commencé. Atteindre l'irréversibilité.

C'est pour qu'Obama n'atteigne pas l'irréversibilité que ceux qui lui font face sont debout et se battront jusqu'au bout.

D'un côté, les militants des syndicats, Teamsters ou SEIU, les gens d'ACORN devenu COI. Le mouvement Occupy Wall Street qui n'a pas disparu mais s'est disséminé et reste prêt à renaître et à semer l'insurrection. N'importe où. N'importe quand.

D'un autre côté, des gens de tous milieux, de toutes ethnies, conservateurs depuis longtemps, ou en train de découvrir le conservatisme américain et ce qui a fait l'esprit des *tea parties*.

Obama parle et sa parole est relayée par les grands médias.
Ceux qui lui font face parlent aussi.

Le pays est parcouru de conflictualités et de délabrements, et n'est plus vraiment gouverné.

Obama est en campagne, et tous ses propos, toutes ses décisions, toutes ses actions sont tournés vers la campagne. La Maison Blanche est devenue un état-major d'opérations.

Le Congrès est un champ de bataille. La campagne républicaine se mène et on y sait que tout ce qui sera proposé, voté ou non voté au Congrès comptera.

Le pays lui-même est un champ de bataille.

Obama est tout entier tourné vers novembre 2012 et vers l'après novembre 2012.

Ceux qui lui font face aussi.

Tout est possible. Obama fera tout pour gagner. Strictement tout. Si des émeutes lui semblent utiles, il y aura des émeutes. Si une action de déstabilisation lui semble disponible, il utilisera l'action de déstabilisation.

Il pense aujourd'hui que la confrontation de classe enrobée, parfois, d'un vernis « progressiste » et « rassembleur » peut le faire gagner. Mais il peut adopter n'importe quel discours, n'importe quelle méthode. « La guerre n'est pas un débat intellectuel, et dans la règle, il n'y a pas de règles de *fair play* », écrivait Saul Alinsky[67].

Les thématiques déployées avec Occupy Wall Street ont été conçues pour durer. La haine contre les « riches » va continuer à distiller son venin. Un pour cent contre quatre-vingt dix-neuf pour cent, disait le slogan. Obama prétendra incarner les quatre-vingt dix-neuf pour cent. Il le prétend déjà. Il a « compris » les émeutiers de Wall Street[68]. Il reste prêt à les « comprendre ». Obama continuera aussi à diaboliser les républicains, les conservateurs, les gens issus des *tea parties*, et aucun argument à cette fin ne lui semblera trop vil ou trop dégradant. Aucun argument contre son adversaire républicain ne lui semblera trop vil ou trop dégradant.

S'il y a assez de haine et de venin dans l'atmosphère d'ici à novembre 2012, si des millions de gens sont persuadés que les républicains, les conservateurs, les gens issus des

---

67 Saul Alinsky, *op. cit.*

68 Tiffany Gabbay, « Obama on Occupy Wall Street : 'We're on their side' », theblaze.com, 18 octobre 2011.

tea parties sont diaboliques, la victoire sera possible, pense-t-il et pense-t-on autour de lui.

Il s'emploie à semer la haine le venin et la diabolisation.

La culture de la haine et du ressentiment, disais-je.

Le fils de Saul Alinsky a dit, lors de la campagne électorale de 2008 que si son père avait pu voir la campagne d'Obama, il aurait été fier[69]. Il ne répéterait sans doute pas la phrase aujourd'hui, car le contexte est plus tendu, les effets de la destruction enclenchée jonchent le sol, mais je ne doute pas qu'il pourrait, sans cela, la répéter.

Obama peut-il gagner ?

Ce ne sera pas facile.

Le soulèvement né avec les *tea parties* est présent, très présent, ancré comme une vigilance.
Le recours aux armées de réserve constituées par Obama est délicat à manier et peut se révéler explosif.
Les Républicains et le candidat républicain à la Maison Blanche jettent toutes leurs forces dans la bataille.
La victoire d'Obama n'est, pour autant, pas du tout impossible.

---

[69] « Son sees father's handiwork in convention », boston.com, 31 août 2008.

Obama dispose de sommes financières immenses : grâce aux syndicats et aux associations d'organisateurs de communauté, grâce aux divers protagonistes du *crony capitalism*, à l'argent de la « stimulation ». L'appui des grands médias est un atout pour lui.

Il a contre lui le pays profond, les Américains attachés à l'Amérique, mais pourront-ils rester mobilisés à un degré suffisant ? Pourront-ils résister, convaincre les indécis, dissiper les calomnies ?

Plus des deux tiers des Américains désormais pensent que le pays va dans la mauvaise direction, disais-je. Et plus de soixante pour cent d'entre eux considèrent que la politique économique suivie par Obama n'est pas la bonne. Ils voient les décombres. Les conflictualités et les délabrements.

Barack Obama, entre deux discours « rassembleurs », se montre pour ce qu'il est, clive, divise, sème la haine et le venin, ce qui ne devrait rien arranger.

Néanmoins, les opinions positives le concernant oscillent entre quarante cinq et cinquante pour cent. Des chiffres très élevés en pareil contexte[70].

La haine et le venin mobilisent, c'est un fait. La diabolisation fonctionne. La culture de la haine et du ressentiment produit ses effets. L'image d'Obama

[70] Cf. realclearpolitics.com/polls/

construite en 2008 ne s'est pas pleinement dissipée, et les discours « rassembleurs » font encore illusion. Des dizaines de millions de gens vivant d'allocations sociales continuent à voir en Obama celui qui enverra le chèque en fin de mois. La population noire est toujours prête à soutenir massivement Obama parce qu'il a des racines africaines. Les chiffres officiels et affichés du chômage « baissent » par un subtil toilettage des chiffres, quand bien même il y a deux millions d'emplois de moins aux Etats-Unis qu'en octobre 2008 et quand bien même le nombre des gens sans emploi continue à augmenter. Les vestiges de la contre-culture et les idées politiquement correctes font le reste. Grâce à Eric Holder, à quelques juges complaisants, aux organisateurs de communauté et à quelques autres, des fraudes électorales sont très envisageables et à même de faire l'appoint. Un meurtre présenté comme un « meurtre raciste » peut se trouver utilisé, même si ce n'est pas un meurtre raciste.

La victoire d'Obama n'est pas du tout impossible, ce doit être dit. Et si je pense qu'Obama perdrait si l'élection avait lieu au moment où j'écris ces lignes, je pense aussi qu'une victoire d'Obama est très envisageable.

« Ce sera une élection décisive », a déclaré le commentateur George Will lors d'un débat télévisé. « L'une de celles où se joue la destinée du pays et celle du monde ».

Dans un autre débat, un autre commentateur politique, Charles Krauthammer, est allé dans le même sens : « Ce sera en novembre 2012, un choix fondamental. Ce choix dira si les Etats-Unis se redresseront ou s'ils s'enfonceront dans un déclin quasiment irréversible ».

Dans un livre appelé *Dismantling America*, Démanteler l'Amérique, publié après *The Housing Boom and Bust*, et consacré tout entier à ce qu'il considère comme l'entreprise de démolition du pays menée par Barack Obama, Thomas Sowell écrit « qu'une telle administration puisse avoir accédé au pouvoir, conduite par un homme dont la seule qualification pour être Président des Etats-Unis est la rhétorique, et qui a un long passé chargé d'animosité envers les valeurs et les institutions du pays, en dit beaucoup sur la dégénérescence de notre culture [71] ».

Je m'efforce de ne pas être aussi pessimiste que Thomas Sowell. Je pense que si une démolition est effectivement en cours, et si la culture américaine a subi de profondes et graves attaques ces dernières années, il reste des gens par millions qui veulent que l'Amérique ne meure pas.

Si ces gens n'existaient pas, les *tea parties* n'auraient pas vu le jour, les médias conservateurs n'existeraient pas et le mouvement conservateur non plus. Le soulèvement et la vigilance seraient absents.

---

[71] Thomas Sowell, *Dismantling America*, Basic Books, 2010.

Ces millions de gens suffiront-ils pour éviter le pire et la réélection d'Obama ? Je ne peux répondre.

Voici quelques années, l'essayiste Mark Steyn avait publié un livre appelé *America Alone*[72], l'Amérique seule : il y décrivait ce qu'il considérait être l'irréversible déclin de l'Europe. Il y notait que les Etats-Unis subsisteraient, porteurs encore de ce qui a permis à la civilisation occidentale d'être féconde et de faire vivre la liberté d'entreprise et de parole. Il y notait aussi que les poisons qui avaient conduit l'Europe vers l'agonie étaient présents en Amérique.

En 2011, il a publié un livre plus sombre : *After America*[73], après l'Amérique. Il y souligne qu'il est extrêmement tard, et que si un sursaut ne se produit pas très rapidement, les Etats-Unis glisseront eux aussi vers l'agonie.

Et il ajoute : « L'agonie de l'Europe a pu être relativement paisible parce que les Etats-Unis veillaient. Les Européens jusqu'à ce jour vivent sans vouloir voir que les Etats-Unis, qu'ils n'apprécient que lorsqu'un Président qui pense comme un Européen est élu, veillent sur eux. Si un Président qui pense comme un Européen parvient à ses fins et détruit les Etats-Unis, les Européens seront peut-

---

[72] Mark Steyn, *America Alone : The End of the World As We Know It*, Regnery Publishing, 2008.
[73] Mark Steyn, *After America : Get Ready for Armageddon*, Regnery Publishing, 2011.

être satisfaits. Les Etats-Unis, en tout cas, n'auront pas une agonie paisible, car il n'y aura personne pour veiller encore, et l'agonie paisible de l'Europe se transformera alors en agonie douloureuse ».

Tout comme je m'efforce de ne pas être aussi pessimiste que Thomas Sowell, je m'efforce de ne pas être aussi pessimiste que Mark Steyn, qui semble considérer qu'il est désormais trop tard.

Je pense, cela dit, qu'il est très tard, vraiment très tard. Je pense que Mark Steyn a raison concernant l'Europe, où l'on s'obstine très largement à ne pas voir ce que devient l'Europe, et je pense qu'il a raison aussi sur ce qui pourrait survenir si les Etats-Unis devaient cesser d'être les Etats-Unis.

« Les Etats-Unis sont un idéal devenu réalité, et qui survit parce que des gens incarnent l'idéal et le transmettent de génération en génération », écrit Mark Steyn. « Sans l'idéal, les Etats-Unis ne sont rien. Des gens sont à l'œuvre pour détruire l'idéal, détruire le dynamisme économique, étouffer la libre entreprise et la liberté individuelle, conduire le pays vers le désarmement moral qui mène au désarmement matériel, et le précipiter vers la banqueroute. Nous sommes très près de la banqueroute ».

Mark Steyn a raison, là encore. La banqueroute est proche. Elle n'est plus improbable.

La plus grande transformation économique et sociale depuis Franklin Roosevelt, ai-je écrit. Des effets permettant de gripper le fonctionnement du pays et des institutions. Le plus d'effets délétères possibles.

Jamais, depuis plus de trente ans, je n'ai vu autant de traces de destruction aux Etats-Unis.

Jamais je n'ai vu sur autant de visages les traces de la désillusion et de l'anxiété.

Des millions d'Américains, pour la première fois de leur vie, songent que le futur du pays sera plus lugubre et plus sombre que le présent, bien plus lugubre et bien plus sombre. Des millions d'Américains, pour la première fois de leur vie, pensent que *the good life*, la bonne vie, comme on décrivait encore voici peu la vie qui se vit aux Etats-Unis, peut s'interrompre et se trouver reléguée définitivement dans le révolu.

Jamais je n'ai vu des tensions monter à ce point dans la société américaine. Il y a eu des émeutes et des déchirures déjà dans l'histoire du pays. Il y en a eu à l'époque de la guerre du Vietnam en particulier. Il y a eu des manifestations véhémentes sous George Walker Bush. Mais cette fois, c'est très différent.

C'est la première fois qu'un homme de la gauche extrême, imprégné d'un rejet et d'un refus de l'Amérique telle qu'elle fut depuis deux siècles et telle qu'elle est encore, dispose du pouvoir exécutif. Cela n'a pas de précédent.

C'est la première fois qu'un homme de la gauche extrême a entre les mains tant de moyens de faire de son refus une réalité.

C'est la première fois que l'Amérique est menacée à ce point.

C'est aussi la première fois qu'une révolte conservatrice a eu lieu, et elle a eu lieu précisément parce que des millions de gens ont ressenti que c'est l'Amérique même qui est en jeu.

C'est la première fois qu'une aussi large proportion du peuple américain s'est soulevée, d'un bout à l'autre du pays.

Un affrontement a pris forme qui concerne le futur même des Etats-Unis, et parce que c'est un affrontement qui concerne le futur des Etats-Unis, il concerne bien plus que les Etats-Unis eux-mêmes. Les résultats électoraux du 6 novembre seront scrutés attentivement sur la planète entière.

En Europe, on ne comprend pas ce qui se joue, je sais. On ne veut pas voir ce qui se passe. On ignore délibérément ce qu'on ne veut pas voir.

Pourtant, l'Europe est très concernée.

Si l'Amérique tombait, l'agonie de l'Europe dont parle Mark Steyn cesserait d'être paisible. Elle n'est, de fait, d'ores et déjà pas si paisible si on regarde la Grèce ou l'Espagne.

Obama reste admiré par nombre d'Européens et se trouve toujours regardé de ce côté de l'Atlantique avec les yeux de l'aveuglement.

Aux yeux de nombre d'Européens, Obama raisonne comme un Européen de gauche, et veut tout juste européaniser l'Amérique, ce qui est présenté comme un bienfait.

Ce qui doit être dit : Obama ne raisonne pas comme un Européen de gauche. Il est bien plus à gauche encore. C'est un révolutionnaire.

Ses idées de gauche extrême et sa volonté de détruire l'Amérique viennent d'une pensée radicale proprement américaine. Elles viennent aussi d'autres sources d'inspiration tout aussi radicales.

Obama ne s'intéresse que fort peu à l'Europe. Il l'a écrit. Il n'a cessé de le montrer. Il méprise plutôt l'Europe.

Il veut détruire l'Amérique telle qu'elle a été parce que c'est une puissance capitaliste et parce qu'elle est imprégnée des idées des pères fondateurs.

Peu lui importe si la destruction de l'Amérique entraîne un surcroit de destruction de l'Europe.

Il méprise l'Europe, ai-je dit, et il veut détruire l'Amérique aussi parce qu'il voit en elle une puissance « impérialiste ».

Et ce n'est, en réalité, pas seulement les Etats-Unis d'Amérique qu'Obama a voulu et veut transformer.

Ce n'est pas eux seulement qu'il a d'ores et déjà transformés.

2. Un monde sans l'Amérique

Le Caire. Avril 2012. Fort peu a changé en apparence depuis les manifestations de l'hiver dernier. Les portraits de Hosni Moubarak ont disparu. Des affiches montrent d'autres visages.

Sitôt on regarde d'un peu plus près, la perception change. Le nombre de femmes portant le voile est plus important. Des immeubles brûlés n'ont pas été reconstruits. Dans les quartiers touristiques, les hôtels sont vides. La police est omniprésente. Les gens réclamant une aumône à quiconque semble occidental aussi. Des caricatures antisémites sont sur les murs.

Dans les rues des quartiers populaires, la misère et le délabrement s'accentuent. Ici ou là, des ordures jonchent les rues ou s'entassent sur un trottoir.

Des émeutes éclatent sporadiquement.

L'armée a entre les mains les rênes du pays et ne semble pas disposé à les lâcher. Elle est au pouvoir depuis le coup d'Etat de Gamal Abdel Nasser en 1952. Elle contrôle les secteurs clés de l'économie, ou tout au moins de ce qui en reste.

Elle n'en est pas moins confrontée à la montée en puissance des courants islamistes. Et si, parmi ceux-ci, les Frères musulmans prédominent, il existe aussi une multitude d'autres groupes salafistes qui s'activent, tiennent des propos violents et très anti-occidentaux dans les mosquées, organisent des conférences en divers lieux. Des élections législatives ont eu lieu dont les résulats ont été promulgués en janvier : le Parti de la liberté et de la justice (PLJ), issu des Frères musulmans a obtenu 47%, le parti salafiste Al-Nour est arrivé à 24%. Les élections présidentielles ont débouché sur un duel entre Ahmed Chafik, ancien premier ministre de Moubarak, et Mohamed Morsi, représentant les Frères musulmans.[74] La Cour constitutionnelle égyptienne a décidé, le 15 juin, d'annuler un tiers des résultats des élections législatives.

Mohamed Morsi a été élu un peu plus tard, et son élection a une signification profonde. Quelle que soit l'issue finale de ce qui se joue, ce qui a lieu est un basculement.

Pour l'heure, les liens du pays avec les Etats-Unis ne sont pas remis en cause. Car l'armée sait que l'argent versé par le gouvernement américain est indispensable pour que le pays ne s'effondre pas, et elle tient aux deux

---

[74] Sur la révolution égyptienne, voir Barry Rubin, « What is the Real Meaning of Egypt's Revolution ? », gloria-center.org, 16 février 2011 ; Ryan Mauro, « The Second Egyptian Revolution ? », frontpagemag.com, 27 mai 2011 ; Raymond Ibrahim, « Jihad Comes to Egypt », frontpagemag.com, 10 mai 2012.

milliards de dollars qu'elle reçoit chaque année. Mais que se passera-t-il un peu plus tard ?
Pour l'heure, le traité de paix avec Israël existe toujours. Car l'armée sait que rompre le traité équivaudrait à une rupture avec les Etats-Unis. Mais dans quelques mois ? Quelques années ?

Le basculement, en réalité, commence à peine.

Les foules qui ont ébranlé le régime et fait tomber son chef n'étaient pas mues par un élan irrépressible vers la démocratie, mais par les frustrations, la faim, la pénurie. Et les frustrations, la faim, la pénurie vont s'accentuer.

Ces foules frustrées étaient composées d'une mince frange occidentalisée, et d'une immense masse illettrée, imprégnée des discours entendus à la mosquée, dans les écoles coraniques, sur les antennes d'al Djazeera, et cette masse voyait les réponses à ses frustrations dans l'islam, seulement l'islam, strictement l'islam sous sa forme la plus acerbe, la plus furieuse. Elle veut cet islam-là.

Elle veut des boucs émissaires.

Le chef déchu du régime, Moubarak, a été choisi par l'armée pour jouer ce rôle, et il a été jeté en pâture, sanglé sur un lit métallique, placé derrière le grillage d'un prétoire, ostentatoirement humilié, déchu.

L'armée a laissé les Coptes jouer ce rôle aussi. Leurs églises brûlent. Ils sont persécutés, harcelés, agressés physiquement, tués.

L'armée a dû laisser s'exprimer aussi une détestation de l'Amérique, d'Israël, des Juifs, de l'Occident.

Les liens du pays avec les Etats-Unis ne sont pas remis en cause, non, mais ils ne tiennent plus qu'à un fil, qui peut se rompre à tout instant. Et qui se rompra, tôt ou tard, tant c'est un fil tendu jusqu'au point de rupture, et tant c'est un fil érodé.

Le traité de paix avec Israël existe toujours, oui. Mais il ressemble chaque jour davantage à un simple morceau de papier sans valeur[75].

Faisant des concessions à la détestation qui gagne, l'armée a, pour l'essentiel, laissé le Sinaï échapper à tout contrôle, et des bandes armées le parcourent qui peuvent frapper en direction d'Eilat, d'Ashkelon, de Tel Aviv, former des bases arrières depuis lesquelles organiser des opérations terroristes ailleurs[76].

---

[75] Cf. Barry Rubin, « Egypt's Elections : Titanic of Western Interests Meet Iceberg of Islamist Revolutionary Zeal », pjmedia.com, 23 avril 2012.

[76] Bill Roggio, « Islamist fighters gain in Egyptian Sinai », longwarjournal.org, 2 avril 2012 ;

L'armée a entre les mains les rênes du pays mais, bien que peu disposée à les lâcher, compose avec les islamistes pour ne pas être emportée. Et rien n'assure qu'à force de composer, elle ne finira pas par se rallier.

Ce qui se passe en Egypte n'est qu'un élément dans un processus plus vaste qui touche toute la région, du Pakistan à la Libye, du Yemen à la Turquie, de la Syrie à l'Irak.

Ce processus vient éliminer les Etats-Unis du grand Moyen Orient tout entier, les y priver de toute influence, installer la prédominance tumultueuse de l'islam le plus radical.

On pourrait y voir le résultat d'un long pourrissement, et il y a eu effectivement un pourrissement, enclenché il y a longtemps. Mais on doit y voir aussi le fruit amer d'une politique.

Pendant sa campagne de 2008, Barack Obama a peu abordé la politique étrangère, sinon pour évoquer les guerres en cours et sa volonté d'y mettre fin. Il parle peu, aujourd'hui encore, de politique étrangère, sinon pour dire qu'il « tourne la page » d'une « ère de conflits » et se « consacre » à la situation économique du pays[77].

---

[77] Cf. Gary Wolf, « Obama's Foreign Policy : Appeasement and Groveling », americanthinker.com, 2 octobre 2008.

Il n'en avait pas moins des idées très précises concernant le monde, tout particulièrement le monde musulman.

Il n'en avait pas moins des intentions très définies, élaborées depuis tout aussi longtemps que ses intentions concernant la société américaine.

Ces intentions, il les met en œuvre aujourd'hui.

Et ce doit être dit : Barack Obama est un homme de la gauche extrême dans tous les domaines.

C'est, si l'on peut dire, un révolutionnaire complet, cohérent, conséquent.

Les documents sur le passé d'Obama qui le montrent sont tout aussi abondants et disponibles que ceux montrant son passé de gauche extrême, et je les ai utilisés aussi pour écrire *La résistible ascension de Barack Obama*. Ils sont consultables par tous, même s'ils ont été trop peu consultés.

Au temps où Barack Obama était agitateur social, il fréquentait des truands, ai-je dit, des terroristes non repentis, mais il fréquentait aussi, ai-je ajouté, des islamistes et des agitateurs « palestiniens », un pasteur antisémite issu de The Nation of Islam[78].

---

[78] Voir Ed Lasky, « The Said-Khalidi-Obama Con-nection », americanthinker.com, 22 octobre 2008 ; Martin Kramer, « Sweeping Khalidi Under Obama's Rug », sandbox.blog-

Il s'imprégnait des idées de Saul Alinsky, Richard Cloward, Frances Fox Piven. Il lisait aussi Franz Fanon, l'auteur des *Damnés de la terre :* « Le colonialisme et l'impérialisme ne sont pas quitte avec nous quand ils ont retiré de nos territoires leurs drapeaux et leurs forces de police[79] ».

Il se forgeait un esprit anti-colonialiste et « anti-impérialiste »[80]. Il était de ceux qui voulaient voir retirés les « drapeaux » et les « forces de police » des colonialistes et des impérialistes, de ceux qui estimaient que même après ce retrait, les colonialistes et les impérialistes ne seraient pas quitte, de ceux qui considéraient que la principale force du colonialisme et de l'impérialisme était l'Amérique.

Il était de ceux qui considéraient qu'il fallait fracasser cette force, la terrasser, la vaincre, et qu'il fallait par ce mouvement permettre aux anticolonialistes et aux anti-impérialistes de prendre le pouvoir dans les terres auparavant soumises au colonialisme et à l'impérialisme.

Il était, par ses fréquentations, de ceux qui voyaient dans l'islam radical une force anticolonialiste et anti-

---

city.com, 13 juin 2009 ; Andrew C. McCarthy et Claudia Rosett, « In Obama's Hyde Park, It's All in the Family », nationalreview.com, 3 novembre 2008.

[79] Franz Fanon, *Les damnés de la terre*, rééd. La Découverte, 2002.

[80] Sur cette dimension d'Obama, cf. Dinesh D'Souza, *The Roots of Obama's Rage*, Regnery Publishing, 2010.

impérialiste primordiale, et de ceux qui étaient proches, très proches, de la défense de la « cause palestinienne ».

S'il s'est appuyé, pour arriver à la Maison Blanche, sur la crise manufacturée des *subprime*, il s'est appuyé aussi sur les campagnes menées contre « la guerre » pendant les années de la présidence de George Walker Bush.

Il a été de ceux qui ont patiemment fabriqué et entretenu l'hostilité à « la guerre » sur le modèle utilisé en leur temps par les adeptes de la contre-culture des années 1960.

Il a contribué à semer les idées que la réponse aux attaques d'Al Qaida était « excessive » et la guerre en Afghanistan contre les talibans « disproportionnée », les idées que l'intervention en Irak était inutile, injuste, seulement menée pour le pétrole, que l'administration Bush était abominable, obsédée par le bellicisme, hostile envers les musulmans[81].

Les organisations avec lesquelles il a œuvré pour la crise manufacturée sont, sans que ce soit un hasard, celles qui ont fabriqué et entretenu l'hostilité à « la guerre ». Les membres d'ACORN ou du SEIU ont été de toutes les manifestations gauchistes des années Bush. Ils ont travaillé en synergie à cette fin avec de multiples organisations « pacifistes » créées pour l'occasion :

---

[81] « Obama : "Air raiding villages and killing civilians" », realclearpolitics.com, 15 aout 2007.

ANSWER (Act Now to Stop War and End Racism), Not In Our Name (NION), Code Pink[82].

Prenant la parole à l'occasion d'un rassemblement à Chicago, le 2 octobre 2002, Obama a parlé de *dumb war* et de *rash war*, « guerre stupide » et « guerre irréfléchie », ajoutant que Saddam Hussein ne représentait pas un danger, et que si une guerre devait être menée, ce devait être une « guerre contre l'ignorance, la corruption et la rapacité[83] ».

Devenu sénateur des Etats-Unis, il a participé à d'autres rassemblements, dont un qui fut organisé en mars 2007, à Selma, Alabama, par le New Black Panther Party. Il y a fait l'éloge, debout au côté de Malik Zulu Shabazz, chef du mouvement, du « black power », pouvoir noir, le slogan du Black Panther Party marxiste-léniniste des années 1960[84].

L'hostilité à « la guerre », les manifestations, les rassemblements, les propos qui y ont été tenus, ont créé une atmosphère de lassitude et de démoralisation, une délégitimation de la présidence Bush.

---

[82] Sur ces points, cf. Elias Crim et Matthew Vadum, « Barack Obama : A Radical Leftist's Journey from Community Organizing to Politics », capitalresearch.org, juin 2008.

[83] « Obama in 2002 : Toppling Brutal Dictator a 'Dumb War' », uspoliticsonline.com, 30 mars 2011.

[84] « Obama Marched with Zulu Shabazz and the New Black Panthers in 2007 », redstate.com, 4 octobre 2011.

Quand la crise manufacturée a commencé à se faire jour, la lassitude, la démoralisation, la délégitimation de la présidence Bush étaient à leur comble.

Quand Barack Obama évoquait le « changement radical » en octobre 2008, il ne parlait pas seulement des Etats-Unis.

Et, dès sa prise de fonction, il a fait, là encore, ce qu'il s'était promis de faire.

Il est, là encore, allé aussi loin qu'il le pouvait.

En parallèle à ceux qu'il a nommé ou conservé au gouvernement, tels Hillary Clinton, choisie comme Secretary of State, Robert Gates, maintenu au poste de Secretary of Defense, Obama a confié des rôles essentiels en politique étrangère à quelques-uns de ses tsars, et aucune décision du Secretary of State ou du Secretary of Defense n'a été prise sans avoir l'aval direct du Président[85].

Il a chargé des « représentants spéciaux » ne rendant compte qu'à lui-même des dossiers décisifs : Richard Holbrooke pour l'Afghanistan, George Mitchell pour Israël, Scott Gration pour le Soudan, Stephen Bosworth pour la Corée du Nord.

---

[85] Cf. John Gizzi, « The Obama Agenda », capitalresearch.org, décembre 2008 ; Elise Cooper, « Obama's Foreign Policy », americanthinker.com, 31 décembre 2011.

Il a placé à la tête des agences gouvernementales chargées du renseignement des fidèles sur qui il a exercé un plein contrôle : Leon Panetta à la Central Intelligence Agency, Dennis Blair à la National Security Agency, qu'il a supervisée en tant que Director of National Intelligence.

Il a constitué surtout une équipe restreinte chargée d'élaborer avec lui les décisions essentielles : Susan Rice, nommée ambassadrice des Etats-Unis aux Nations Unies, Samantha Power, nommée responsable des Affaires Multilatérales au Conseil National de Sécurité, Valerie Jarrett, assistante spéciale du Président.[86]

Puis il a avancé. Vite.

Tout particulièrement en direction du monde musulman.

Le jour même de sa prise de fonction, le 20 janvier 2009, il a téléphoné à Mahmoud Abbas et lui a, selon un communiqué officiel de la Maison Blanche, réservé son « premier appel » de Président[87].

Six jours plus tard, le 26 janvier 2009, il a accordé son premier entretien télévisé de Président à Hisham Melhem

---

[86] Cf. Steve Baldwin, « Obama Surrounds Himself With The Most Extreme Appointees In American History », westernjournalism.com, janvier 2009.

[87] Pamela Geller, « Obama's First Call to a Foreign Leader ? « Palestinian » Leader Abbas, of Course », atlasshrugs2000.typepad.com, 21 janvier 2009.

de la chaîne al Arabiya : pour souligner que les Etats-Unis avaient beaucoup à apprendre de l'islam, et seraient désormais « très humbles »[88].

Le 6 avril 2009 : dans un discours à Ankara, il a rappelé la « fierté légitime » que la Turquie pouvait avoir concernant son passé musulman, et insisté sur « l'alliance » qui devait désormais lier « les Etats-Unis et le monde islamique » lui-même[89].

Le 4 juin 2009 au Caire, il a tenu un discours par le biais duquel il ne s'est pas contenté d'attribuer à l'islam quasiment toutes les inventions majeures de l'histoire de l'humanité et de parler sans cesse, sur un ton empreint d'une étrange dévotion, du « saint Coran », mais a présenté aussi les Etats-Unis comme un « grand pays musulman », ajouté que Thomas Jefferson avait un Coran dans sa bibliothèque et précisé que les Musulmans Américains ont, depuis la fondation du pays, « contribué profondément à la culture » de celui-ci, expliqué que les Etats-Unis n'étaient en guerre ni avec l'islam lui-même ni avec une quelconque forme d'islam, et cherchaient seulement « la paix »[90].

---

[88] Ed Morrissey, « The Obama al-Arabiya interview », hotair.com, 27 janvier 2009.

[89] Helene Cooper, « America Seeks Bonds to Islam, Obama Insists », nytimes.com, 6 avril 2009.

[90] Daniel Pipes, « Assessing Obama's Cairo Speech », danielpipes.org, 4 juin 2009 ; Barry Rubin, Obama's Cairo Speech and the Israel Palestinian Conflict », rubinreports.blogspot.com, 5 juin 2009.

Dans un élan d'audace qui a dû aller droit au cœur des victimes des attentats du onze septembre, Obama a même ajouté que les Musulmans avaient « construit les plus hauts immeubles » des Etats-Unis. La version qu'il a présentée de l'histoire d'Israël et de la réalité de la société israélienne semblait tirée directement d'un journal publié à Ramallah ou à Gaza.

L'ensemble de ses propos s'adressait, au-dessus d'Hosni Moubarak, ce qu'a remarqué immédiatement la presse égyptienne, à l'ensemble de la communauté des croyants, *umma*, donc au monde musulman tout entier et non aux seuls Egyptiens, et symbole très notable, Obama avait tenu à mettre en position d'invités d'honneur, contre l'avis d'Hosni Moubarak, des représentants des Frères musulmans.

Le lieu qu'Obama avait choisi pour parler était, on le sait, l'université al Azhar, principal centre de formation des ulémas dans le monde arabe qui compte parmi ses anciens diplômés Hassan al Banna, fondateur de la confrérie des Frères musulmans, Omar Abdel Rahman, dirigeant du groupe Al-Gama'a al-Islamiyya, emprisonné aux Etats-Unis pour l'attentat contre le World Trade Center à New York, en 1993, et le sheikh Ahmed Yassin, fondateur du Hamas.

Au cours des mois qui ont suivi, la politique définie a été suivie d'effets.

C'est neuf jours, très exactement, après le discours du Caire que des soulèvements ont éclaté à Téhéran et dans d'autres villes d'Iran suite aux élections présidentielles visiblement faussées qui ont vu la « réélection » de Mahmoud Ahmadinejad. Ceux qui étaient dans les rues et qui tombaient sous la mitraille en appelaient aux Etats-Unis et à Obama lui-même. Celui-ci a gardé le silence. Au bout de deux semaines, il a daigné dire qu'il « déplorait » les violences contre les manifestants. Le porte-parole de la Maison Blanche a employé un mot plus fort, disant qu'Obama « réprouvait », avant d'ajouter aussitôt que c'étaient là les « affaires intérieures » de l'Iran[91]. Quand la répression est venue à bout du soulèvement, Obama s'est proposé de négocier avec l'Iran, qui a refusé, et a demandé, mollement, que des sanctions soient prises contre le régime aux Nations Unies. Le régime est toujours en place. À chaque nouvel an iranien, le Nowruz, Obama envoie un message très poli et très déférent au peuple et aux dirigeants iraniens.

Le premier octobre 2009, le gouvernement iranien a transmis une lettre à l'administration Obama disant que la République islamique acceptait d' « assumer le rôle de puissance régionale ». Nul au sein de l'administration Obama n'a énoncé le rejet de cette acceptation. Fareed Zakaria, journaliste très proche d'Obama, adepte d'un

[91] Jennifer Rubin, « Very Concerned About Just Being "Very Concerned" », commentarymagazine.com, 20 juin 2009 ; Tim Graham, « Obama : Inconsistent on Iran », nationalreview.com, 24 juin 2009.

rapprochement entre les Etats-Unis et l'islam radical, a publié un peu plus tard un article appelé « Containing a Nuclear Iran : Forget Force and Sanctions. It's Time to Get Real » (Endiguer l'Iran nucléaire : oubliez la force et les sanctions. Il est temps de regarder la réalité en face)[92].

L'administration Obama a d'emblée accepté l'idée d'un Iran nucléaire occupant une position de puissance régionale majeure.

Après des déclarations de plus en plus bellicistes, incendiaires, anti-israéliennes et antisémites d'Erdogan qui n'ont suscité aucune réaction de l'administration Obama, après un rapprochement d'Erdogan avec l'Iran et avec la Syrie qui n'a pas suscité davantage de réaction de la part de l'administration Obama, au printemps 2010, l'Insan Hakve Hurriyetleri Insani Yardim Vakfi (IHH), mouvement islamiste turc lié au gouvernement Erdogan et à l'Adaletve Kalkınma Partisi (AKP) a affrêté un bateau, le Mavi Marmara, l'a chargé de militants armés prêts à mourir en « martyrs », et l'a envoyé vers Gaza et le Hamas. L'armée israélienne a intercepté le bateau. Des violences en ont découlé, qui ont fait dix victimes. Erdogan a lancé des diatribes anti-israéliennes et antisémites plus violentes encore. Les Etats-Unis ont voté une résolution des Nations Unies condamnant « les actes qui ont conduit à la mort de dix civils et à plusieurs

[92] Fareed Zakaria, « Containing a Nuclear Iran : Forget Force and Sanctions. It's Time to Get Real », *Newsweek*, 26 octobre 2009.

décès »[93]. Le porte-parole de la Maison Blanche a refusé d'en dire davantage. Obama n'a pas appelé Erdogan à la retenue. Il n'a pas distendu ses liens avec lui. Il en a au contraire fait son partenaire privilégié au Proche-Orient et a parlé de lui comme d'un « ami remarquable ».

L'administration Obama a accepté l'idée d'une Turquie islamiste réorientant sa diplomatie vers le monde musulman, adoptant une rhétorique anti-occidentale et menant des actions agressives envers Israël.

La politique étrangère n'étant pas directement affectée par les élections de mi-mandat, puisque le Président a le statut de « Commander in Chief », et les graines semées ayant germé, les lignes tracées se sont poursuivies.

Le 12 janvier 2011, le gouvernement du Premier ministre libanais Saad Hariri s'est trouvé renversé par un coup d'Etat à Beyrouth, au moment précis où Hariri était en visite à Washington. Obama s'est contenté de prendre acte du coup d'Etat, et a laissé sans faire le moindre commentaire, Saad Hariri redevenu simple citoyen libanais rentrer chez lui. Le porte-parole de la Maison Blanche a expliqué un peu plus tard que les Etats-Unis ne s'ingéraient pas dans ce qui relevait de la « souveraineté du Liban [94] ».

---

[93] « U.N. Human Rights Council Condemns Israel, Then Calls for Investigation Into Flotilla Raid », cnsnews com, 3 juin 2010.
[94] Laura Rozen, « Obama meets with Hariri as Lebanon gov't collapses », politico.com, 12 janvier 2011 ; Zeina Karam,

L'accentuation de l'emprise du Hezbollah sur le pays qui a résulté n'a suscité aucune réaction d'Obama ou de quiconque en son administration. Au contraire, un communiqué de la Maison Blanche, en mars 2011 a fait savoir que l'administration Obama voulait mettre en place un « dialogue constructif avec les éléments politiques du Hezbollah ».

L'administration Obama a accepté, en janvier 2011, que le Liban passe plus nettement sous l'emprise du Hezbollah.

C'est deux jours après la chute de Saad Hariri, le 14 janvier que Zine Ben Ali a quitté la Tunisie, au terme de moins de trois semaines de manifestations. Face aux manifestations contre le régime Ben Ali, Barack Obama a adopté une attitude très différente de celle qui avait été la sienne face aux manifestations en Iran. Il n'a pas gardé le silence. Il ne s'est pas contenté de « condamner » ou de « réprouver ». Il a apporté son entier soutien aux manifestants. Ce qui se passait ne relevait pas des « affaires intérieures » du pays ni de sa « souveraineté ». Obama a demandé explicitement à Ben Ali de s'en aller. Le général Rachid Ammar, chef des forces armées tunisiennes a été contacté par la Maison Blanche aux fins de l'inciter à tout faire pour que le départ de Ben Ali soit

---

« Lebanon's government falls as Hezbollah pulls out », washingtontimes.com, 12 janvier 2011.

rapide et pour qu'un gouvernement de transition se mette en place[95].

Le retour à Tunis de Rashid Ghannouchi, chef du parti islamiste En-Nahda et d'autres islamistes au cours des jours suivants a été salué par le porte-parole de la Maison Blanche comme un « signe de démocratie »[96].

L'administration Obama a contribué à faire chuter Zine Ben Ali, et considéré comme un facteur positif le retour des forces islamistes en Tunisie.

Les manifestations en Egypte ont commencé le 25 janvier. Le comportement d'Obama a été assez vite le même que vis-à-vis du régime Ben Ali. Il n'a, à nouveau, pas été question d' « affaires intérieures » ou de « souveraineté » du pays. Hosni Moubarak a été sommé de démissionner. Le contact, cette fois, a été pris avec le maréchal Tantawi aux fins qu'il fasse le nécessaire. Le résultat n'a pas été le même qu'en Tunisie : il a été bien pire. Hosni Moubarak n'est pas parti. Il a été arrêté, puis est passé en jugement, exhibé derrière des barreaux, attaché à un lit métallique, humilié. Une junte militaire conduite par Tantawi a pris le

---

[95] David Pryce-Jones, « Tunisia, Put in Perspective », nationalreview.com, 19 janvier 2011 ; Marion Dreyfus, « Tunisia Meltdown », americanthinker.com, 19 janvier 2011.

[96] Andrew Bostom, « The Jihadist Vision of Tunisia's New 'Democratic' Leader », americanthinker.com, 25 octobre 2011.

pouvoir et le garde, sans intention discernable de le quitter[97].

Les islamistes n'ont pas eu à revenir, car ils n'avaient jamais quitté le pays et étaient d'ores et déjà infiltrés dans l'ensemble des rouages de la société. Les Frères Musulmans sont les détenteurs du pouvoir de l'ombre, et nombre de militaires sont membres des Frères musulmans. D'autres groupes islamistes avancent au grand jour, plus extrémistes et plus fanatiques encore que les Frères musulmans. La Maison Blanche a fait savoir, bien sûr, qu'elle considérait les Frères musulmans comme des interlocuteurs politiques légitimes[98].

L'administration Obama a contribué à faire chuter Hosni Moubarak et favorisé la montée en puissance de l'islam radical en Egypte et, depuis lors, tout ce qui a logiquement découlé de cette montée en puissance.

Les manifestations en Syrie ont commencé au même moment qu'en Egypte. Elles sont devenues émeutes et insurrection à la mi mars 2011. Le comportement d'Obama, là, a été à nouveau proche de celui qu'il a

[97] Cf. Barry Rubin, « The Revolt in Egypt and U.S. Policy », gloria-center.org, 30 janvier 2011 ; Sam Tadros, « The Story of the Egyptian Revolution », americanthinker.com, 2 février 2011.

[98] Joseph Klein, « Muslim Brotherhood and Obama : Partners In Taqiyya », frontmagmag.com, 24 janvier 2012 ; Treston Wheat, « Obama Administration Courts the Muslim Brotherhood », heritage.org, 18 avril 2012.

adopté vis-à-vis de l'Iran. Il a été à nouveau, soudain, question d' « affaires intérieures ». Bachar Al Assad a été qualifié de « réformiste » par Obama et Hillary Clinton alors même qu'il faisait tirer dans la foule et que les morts se comptaient déjà par centaines[99]. Il faudra deux mois pour qu'en mai 2011, les premières paroles de condamnation du régime syrien soient prononcées par des membres de l'administration Obama. Le 18 août 2011, Obama a demandé à Bachar Al Assad de quitter le pouvoir : cinq mois après le début du soulèvement, et il l'a fait sans la fermeté adoptée vis-à-vis de Ben Ali et de Moubarak. Bachar Al Assad, depuis, est toujours au pouvoir, tout comme Mahmoud Ahmadinejad et Ali Khamenei.

L'administration Obama a opté pour le maintien au pouvoir de Bachar Al Assad, allié régional de l'Iran et du Hezbollah.

Dès lors que l'insurrection dure, l'administration Obama a pris d'autres dispositions, qui ont consisté à appuyer des factions sunnites liées aux Frères musulmans, celles regroupées dans le « Conseil national syrien », créé avec l'appui d'Erdogan et du Qatar. Ce qui est étudié au moment où j'écris ces lignes est un maintien du régime Assad sans Assad, avec participation des Frères

[99] Lawrence White, « Is Bashar al-Assad of Syria a Reformer ? », punditpress.com, 30 mars 2011.

musulmans[100]. Que l'issue finale soit un maintien du régime Assad ou son renversement, ce qui surviendra sera de toute façon, dans un cas comme dans l'autre, une victoire pour l'islamisme.

Au Yemen, un soulèvement contre Ali Abdullah Saleh a commencé en janvier 2011 aussi, le 29. Obama a adopté, là, une position plus proche de celle qu'il a adopté concernant Moubarak et Ben Ali que de celle qu'il adopté vis-à-vis d'Ahmadinejad et de Bachar Al Assad. Il a promptement demandé le départ de Saleh. Sans, cette fois, l'obtenir aussitôt. Parmi les opposants à Saleh, on trouve, cela va de soi, des islamistes membres des Frères musulmans, mais aussi des factions liées à Al Qaida, qui tiennent désormais plusieurs régions du pays[101].

L'administration Obama a voulu la chute d'Ali Abdullah Saleh. Elle a fini par l'obtenir. En décembre 2011.

C'est dès le 17 janvier 2011 que des émeutes ont commencé en Libye, à Benghazi. L'idée de « responsabilité de protéger » chère à Samantha Power a trouvé un terrain d'expérimentation[102]. Une intervention

---

[100] Cf. Barry Rubin, « How Can Obama's Middle East Policy Possibly Get Worse ? Answer : Look at Syria », pjmedia.com, 29 mai 2012.

[101] Rodger Shanahan, « Al Qaeda makes gains in Yemen », lowyinterpreter.org, 9 mai 2012.

[102] Stanley Kurtz, « Obama, Samantha Power & ''Responsibility to Protect'' », nationalreview.com, 22 mars 2011.

militaire a été menée dans laquelle les Etats-Unis ont joué un rôle primordial, tout en restant officiellement en retrait, derrière la France et le Royaume-Uni (la position a été définie par un conseiller d'Obama comme *leading from behind,* commander depuis les lignes arrières). L'intervention militaire n'a jamais reçu le nom de guerre. Elle s'est faite sous mandat de l'Onu aux fins de « protéger les civils ». Elle a abouti à l'assassinat de Kadhafi, à l'installation au pouvoir politique d' islamistes se réclamant du modèle de l'AKP d'Erdogan, et à la prise de contrôle armée du pays par des gens ayant un passé islamiste beaucoup plus net et plus tranché. Elle a abouti aussi au pillage des arsenaux de l'armée libyenne et à la dissémination de milliers de missiles et d'un important matériel militaire vers l'Afrique sub-saharienne, Tchad, Niger, Mali, et le Proche-Orient[103].

L'administration Obama a voulu la chute de Kadhafi et son remplacement par des factions islamistes anti-occidentales et anti-américaines.

Elle est, avec la coopération de la France et du Royaume-Uni, arrivée à ses fins.

---

[103] Andrew C. McCarthy, « Our Libyan Adventure : Qaddafi's dictatorship was preferable to an Islamist Libya », nationalreview.com, 27 octobre 2011, Aymenn Jawad Al Tamimi, « Libya Heading Towards Islamism », spectator.org, 9 novembre 2011.

On doit noter, au passage, qu'il existe un point commun crucial entre Zine Ben Ali, Hosni Moubarak, Ali Abdullah Saleh et Mouammar Kadhafi : ils étaient des dictateurs, certes. Ils *coopéraient aussi et surtout avec les Etats-Unis dans la lutte contre l'islam radical.* Saad Hariri coopérait aussi. Bachar Al Assad est, jusqu'à présent, un dictateur qui n'a pas coopéré.

Un pays a pris, assez rapidement, la mesure de ce qui se trouvait enclenché : l'Arabie Saoudite. Et le temps où Obama pouvait se courber devant le roi Abdullah bin Abdul Aziz ibn Saoud avec la bienveillance de celui-ci a été relégué dans le révolu. L'Arabie Saoudite a compris qu'elle devait compter désormais essentiellement sur elle-même pour sauver ce qui pourrait l'être encore et pour que ne vienne pas son tour. Ses dirigeants ont discerné, en particulier, qu'avec la chute du Yemen, dès lors que la Somalie, juste en face sur le continent africain, est aux mains de groupes djihadistes, le Bab El Mandeb, détroit d'entrée de la mer Rouge pourrait devenir une zone très dangereuse. Ils ont discerné aussi que le rôle accordé par l'administration Obama à l'Iran les menaçait directement[104].

Ils ont donc décidé de prendre leurs distances avec les Etats-Unis, et de renforcer l'alliance défensive qui les lie à

---

104 Jeffrey Wright, « Saudi Arabia Pushes Closer Cooperation Among Gulf Monarchies », aaiusa.org, 21 mai 2012 ; Zvi Mazl, « Arab Spring Is Spinning Out of Control », jpost.com, 20 mars 2012.

Oman, au Koweït, à Bahreïn, aux Émirats arabes unis et au Qatar, et d'y faire adhérer la Jordanie et le Maroc. Ils ont agi pour reprendre en main les Frères musulmans qui, bien que sunnites, ont été, ces dernières années, largement financés par l'Iran. Ils se sont rapprochés de la Turquie et ont oeuvré à éloigner celle-ci de Téhéran. Ils ont mis en place une alliance sunnite destinée à endiguer l'Iran chiite, et allant de la Turquie aux émirats du Golfe. Ils ont décidé de se rapprocher de la Chine et ont cherché à distendre les alliances de celle-ci avec l'Iran. Ils s'efforcent d'apporter un soutien aux forces anti Assad en Syrie, considérant que celles-ci incarnent un moindre mal[105].

Un autre pays a pris la mesure des choses : Israël. Les dirigeants israéliens n'ont pu que constater l'isolement croissant du pays dans la région, l'hostilité grandissante. Ils n'ont pu que regarder avec effarement et inquiétude la politique suivie à Washington. Ils ont dû constater ce qui pourrait sembler un paradoxe et n'en est pas un : Israël est devenu le seul allié des Etats-Unis subsistant au Proche-Orient, et c'est aussi le pays que l'administration Obama a incriminé plus que tout autre, et continue à incriminer[106].

---

[105] George Friedman, « The Battle Between Iran and Saudi Arabia », stratfor.com, 8 mars 2011.

[106] Cf. Caroline Glick, « Obama,'s War on Israel », jpost.com, 19 mars 2010 ; Caroline Glick, « Daylight - The Story of Obama and Israel », jpost.com, 4 mars 2012. Voir aussi David

Ils ont vu qu'Obama n'était pas du tout un ami d'Israël.

Ils ont compris que la vision qu'Obama pouvait avoir d'Israël était celle qu'il a exposée au Caire, à Al Azhar.

Ils ont discerné, avant que vienne l'isolement, et avant même le discours d'Al Azhar, une attitude qui a commencé avec l'appel téléphonique du 20 janvier 2009 à Mahmoud Abbas, qui s'est poursuivie, et qui se poursuit.

Si les réceptions de Netanyahu à la Maison Blanche ont souvent été glaçantes et humiliantes, celles accordées aux dignitaires palestiniens ont été, toujours, chaleureuses et cordiales.

En septembre 2010, plus d'un an après le discours d'Al Azhar, une déclaration a été prononcée par Obama aux Nations Unies stipulant que « dans un délai d'un an », un Etat palestinien serait admis au titre de membre de l'organisation.

En mai 2011, juste avant un voyage du Premier ministre israélien aux Etats-Unis, des propos ont été tenus par Obama évoquant les « frontières de 1967 » comme devant servir à délimiter le futur Etat palestinien[107].

Horowitz et Jacob Laskin, *Obama's War Against the Jews*, David Horowitz Freedom Center, 2011.

[107] Rick Moran, « Obama 'Clarifies' 1967 Border Demands », frontpagemag.com, 23 mai 2011.

En septembre 2011, à l'ONU, Obama a dû s'opposer à la reconnaissance d'un Etat palestinien et revenir sur sa déclaration de 2010 : il ne pouvait faire autrement sans être accusé de trahison par l'ensemble du Congrès. Il a laissé, depuis ce moment, d'autres que lui faire le « travail ».

Leon Panetta, qui a remplacé Robert Gates au poste de Secretary of Defense en juillet 2011, et qui ne dit pas un mot qui n'ait été approuvé par Obama, s'est rendu en Israël début octobre 2011 pour exiger davantage de concessions du gouvernement israélien et rappeler à Israël « l'isolement » qui est désormais le sien : le rappel était assorti d'un appel à ce qu'Israël en tire les conclusions requises et fasse les « concessions nécessaires ». Il a, depuis, réitéré ses propos plusieurs fois[108].

Des manœuvres conjointes des armées israélienne et américaine prévues pour le printemps 2012 ont été annulées par le gouvernement israélien lorsque celui-ci a compris que l'objectif de l'administration Obama était avant tout d'annihiler la marge de manœuvre d'Israël face à l'Iran[109].

---

[108] « Panetta scolds Israel for growing 'isolation in Middle East' », commonamericanjournal.com, 2 décembre 2011.
[109] « U.S.-Israeli maneuvers put off ahead of general's visit », cnn.com,15 janvier 2012.

Dans les listes de pays menacés par le terrorisme publiées par le Département d'Etat, Israël n'est jamais mentionné. Hillary Clinton a parlé récemment d' « apartheid » pour décrire la vie en Israël[110].

Fin septembre 2011, l'administration Obama a annoncé la mise en place d'une nouvelle institution chargée de lutter contre le terrorisme, le Global Counterterrorism Forum. Cette institution, voulue par les Etats-Unis, s'est trouvée définie sur un mode par lequel les Etats-Unis s'effaceraient derrière d'autres pays, comme cela s'est fait pour la guerre en Libye. Le texte rendu public par Hillary Clinton dit que l'institution doit agir pour que la « communauté internationale se rassemble et assiste les pays confrontés aux menaces terroristes ». L'institution est censée avoir son siège dans la région du Golfe. Les pays définis comme devant être membres incluent l'Egypte et la Tunisie, le Pakistan et l'Afghanistan, la Turquie, l'Algérie, mais pas Israël[111].

Dans un discours prononcé à Washington le 3 décembre 2011, Leon Panetta a rappelé qu'il restait « très peu de

---

110 Jonathan Tobin, « Whither Israeli Democracy ?', commentarymagazine.com, 29 décembre 2011.

111 Barry Rubin, « Obama's New Anti-Terrorist Group : Islamist and Pro-Terrorist Turkish Regime Annointed as Co-Leader ; Israel, Left Out », judia.com, 14 septembre 2011.

temps » à Israël pour « céder » ce qui devait l'être, sans quoi « le pire » serait à venir[112].

Il a, un peu plus tard, en février 2012, révélé au *Washington Post* les projets israéliens d'intervention militaire contre l'Iran, avec pour but que cette intervention n'ait pas lieu[113]. En mars, des « sources anonymes » situées au Secrétariat à la Défense ont transmis au magazine *Foreign Policy* des informations secrètes sur des accords militaires passés entre Israël et l'Azerbaïdjan[114].

Israël, comme l'Arabie Saoudite, mais pour des raisons très différentes, s'est mis lui-même en quête d'alliés de rechange et de soutiens qui ne seraient pas au gouvernement des Etats-Unis, et le gouvernement israélien a pleinement compris qu'aucune information concernant la défense du pays ne devait passer entre les mains de l'administration Obama. Tout en voyant l'évolution de la région d'un œil inquiet, les dirigeants israéliens ne prennent pour autant pas leurs distances avec les Etats-Unis.

---

[112] « Panetta scolds Israel for growing 'isolation in Middle *East'* ».
[113] David Ignatius, « Is Israel preparing to attack Iran ? », washingtonpost.com, 2 février 2012.
[114] Mark Perry, « Israel's Secret Staging Ground. U.S. officials believe that the Israelis have gained access to airbases in Azerbaijan. Does this bring them one step closer to a war with Iran ? », *Foreign Policy*, 28 mars 2012.

On doit ajouter, pour que le tableau soit complet, ce qui s'est passé en Irak et en Afghanistan.

La guerre en Irak a été gagnée en trois semaines. La paix a impliqué cinq années de plus, ponctuées de morts et d'attentats sanglants menés par des islamistes jetant toutes leurs forces dans la bataille. Un régime démocratique allié de l'Occident et des Etats-Unis a remplacé l'ancienne dictature. Ce régime avait besoin d'un soutien plus net et plus long, et l'avait explicitement demandé. Ce soutien lui a été refusé. Obama a décidé d'un retrait rapide des troupes, contre l'avis du gouvernement irakien et contre l'avis du Chairman of the Joint Chiefs of Staff (chef d'état major des armées américaines). Le Premier ministre irakien, Nouri al Maliki, constatant que les Etats-Unis s'en allaient, en a tiré les conclusions, et il s'est rapproché de l'Iran et de la Syrie[115]. Moqtada al Sadr, dirigeant du groupe islamiste les Brigades du Mahdi était en exil en Iran : il est de retour à Bagdad. Sitôt le dernier soldat américain hors d'Irak, les groupes shiites se sont déployés dans le pays. Des attentats fomentés par le camp sunnite, et revendiqués par al Qaida, ont repris. L'Irak, de facto, est devenu un protectorat iranien[116].

---

[115] Frederick Kagan, Kimberly Kagan, « Is Iraq Lost ? », weeklystandard.com, 2 janvier 2012.

[116] Cf. sur ce point Michael Eisenstadt, Michael Knights et Ahmed Ali, « Iran's Influence in Iraq », Washington Institute for Near East Policy, 13 février 2012.

La guerre en Afghanistan n'aurait en aucun cas pu déboucher sur une démocratie à l'occidentale : elle avait pour but de détruire les bases arrières d'al Qaida et de renverser le régime taliban pour lui substituer un régime non radical. Ce régime non radical aurait dû s'appuyer sur les tribus et sur les chefs de clan. Il ne pouvait tenir, le cas échéant, qu'avec la coopération du Pakistan et la mise hors d'état de nuire de l'Iran : tels étaient les buts définis sous Bush. L'Iran se trouve aujourd'hui considéré très différemment. Le Pakistan coopère moins que jamais. Une quête de talibans avec lesquels il serait possible de s'entendre, et définis comme « talibans modérés » a été enclenchée dès le printemps 2009, et n'a pas cessé à ce jour[117]. De nouvelles règles d'engagement ont été données aux troupes américaines qui restreignent leurs capacités opérationnelles[118]. Le retrait des troupes présentes dans le pays est programmé. Il a commencé. Il devrait s'achever en 2014. Obama aimerait l'accélérer encore[119]. Hamid Karzai se trouve dans une position qui a des ressemblances avec celle dans laquelle se trouve Nouri al Maliki en Irak : constatant le départ des Etats-

---

[117] Sur la notion de taliban modéré, voir T. Varadarajan, « Moderate Extremists », forbes.com, 9 mars 2009

[118] « U.S. troops battle both Taliban and their own rules », washingtontimes.com, 16 novembre 2009.

[119] Peter Worthington, « Obama all but concedes Afghan defeat », thesudburystar.com, 8 mai 2012 ; Leif Babin, « Waiting to Lose in Afghanistan », nationalreview.com, 9 avril 2012.

Unis, il cherche à s'entendre avec les talibans. Il sait que ceux-ci seront bientôt de retour au pouvoir à Kaboul.

Comme pour mieux faire savoir ce qui se prépare, le Pakistan, par l'intermédiaire de ses services de renseignement, a aidé le réseau islamiste Haqqani, proche des talibans, à fomenter un attentat contre l'ambassade des Etats-Unis à Kaboul à l'automne 2011. Obama a vaguement protesté. D'autres attentats ont été fomentés sur le même mode et perpétrés par le même réseau en janvier, puis en avril 2012[120]. Obama, cette fois, n'a rien dit.

L'Afghanistan retourne vers l'islamisme et le pouvoir taliban. Le Pakistan replonge plus que jamais dans l'islamisme.

Obama n'a pas renoncé à s'entendre avec des « talibans modérés », voire avec les talibans tout court. Il a, en décembre 2011 choisi un intermédiaire bien placé pour servir d'intermédiaire : Youssef Al Qaradawi, chef spirituel des Frères Musulmans[121]. Avant même que tous les soldats américains aient quitté l'Afghanistan, Joe Biden, vice-président des Etats-Unis a déclaré que les talibans

[120] Clifford May, « The Haqqani Test », nationalreview.com, 26 janvier 2012.
[121] Andrew McCarthy, « Obama Recruits Qaradawi », nationalreview.com, 31 décembre 2011.

n'étaient « pas l'ennemi des Etats-Unis[122] ». La Maison Blanche a confirmé. Obama a ajouté, bien évidemment, que des « accords de coopération » lieront longtemps encore l'Afghanistan et les Etats-Unis.

Si on devait chercher dans tout cela autre chose qu'une forme de quête de l'affaiblissement des Etats-Unis, une série d'abandons d'alliés des Etats-Unis et de gratifications, plus ou moins habiles, offerte aux ennemis islamiques des Etats-Unis, un ébranlement profond de ce que fut la « paix américaine » dans le grand Moyen Orient et le monde musulman, on chercherait en vain, dirai-je.

Mais on ne peut s'arrêter là.

On doit ajouter, pour que le tableau soit plus complet encore, que si le grand Moyen Orient et le monde musulman étaient seuls concernés, les dégâts seraient limités, mais ce n'est pas le cas.

On doit noter, en effet, la volonté incessante de Barack Obama de procéder à des coupes dans le budget de la défense nationale.

Des coupes ont eu lieu dès l'année 2009 et se sont poursuivies depuis. En janvier 2012, Barack Obama a promis d'autres coupes encore, pour un montant d'un milliard de dollars. Ce sont ces coupes successives, qu'il

---

[122] Graham Smith, « The Taliban are not our enemy, says Biden », dailymail.co.uk, 20 décembre 2011.

pensait de plus en plus inacceptables, qui ont conduit le Secretary of Defense Robert Gates à démissionner de ses fonctions le 28 mai 2011[123].

Le nombre de soldats et de marines diminue, et il est prévu que la diminution se poursuive dans les années à venir. Le programme de construction de l'Expeditionary Fighting Vehicle, défini comme de première importance sous Bush, a été totalement abandonné, dès février 2009, tout comme celui de l'avion de surveillance et de reconnaissance EPX. La construction de l'avion furtif F 22 Raptor a été interrompue. Le budget du renseignement lui-même se trouve très réduit. « Si cette politique se poursuit », a noté Bill Kristol juste après l'annonce de nouvelles coupes drastiques, le 1er août 2011, « il est difficile de voir comment les Etats-Unis pourront rester une superpuissance[124] ». Une déclaration de Buck McKeon, président du House Armed Services Committee, publiée le 14 octobre 2011 : « La prudence impliquerait que la défense du pays, qui est la tâche la plus importante du gouvernement, reste la priorité. Ce n'est plus le cas

[123] « The Gates Farewell Warning. America can be a superpower or a welfare state, but not both », wsj.com, 28 mai 2011.

[124] William Kristol, « Decline Is a Choice », weeklystandard.com, 1er aout 2011. Sur ce sujet, voir aussi Jim Yardley, « The Price of Obama's Peace Dividend Is an Increased Risk of War », americanthinker.com, 7 janvier 2012.

aujourd'hui[125] ». Un rapport rédigé en février 2012 par Peter Hussey, chercheur à la National Defense University Foundation, et basé sur l'avis de nombreux généraux souligne que les coupes mises en œuvre auront un « effet dévastateur sur la sécurité du pays et du monde [126] ».

On doit noter la volonté tout aussi incessante de Barack Obama de souligner la légitimité supérieure des Nations Unies, d'affirmer que celles-ci disent le « droit international », et d'ajouter que les Etats-Unis feront preuve d'un « respect absolu » de celui-ci[127].

Jamais un Président avant lui n'avait à ce degré mis en avant le rôle des Nations Unies sans mettre en avant au même instant le rôle de leader des Etats-Unis en matière de démocratie et de liberté. Jamais un Président n'avait énoncé ce qui ressemble à une soumission de principe des Etats-Unis à la parole et aux positions des Nations Unies.

Dans ses discours aux Nations Unies et concernant le « droit international », Barack Obama n'a jamais évoqué

---

125 Buck McKeon, « Why Defense Cuts Don't Make Sense », wsj.com,14 octobrre 2011.

126 Peter Hussey, « National Defence, Report on Plans and Priorities », ndufoundation.org, février 2012.

127 Sur Obama et les Nations Unies, cf. Joseph Klein, *Lethal Engagement, Barack Hussein Obama, the United Nations and Radical Islam*, Tate Publishing, 2010. Voir aussi Colin Dueck, « The Accommodator : Obama's Foreign Policy », *Policy Review*, octobre 2011.

les valeurs des Etats-Unis, ce qui est sans précédent depuis qu'en 1945, l'Organisation des Nations Unies a été fondée pour remplacer la Société des Nations.

Les Etats-Unis refusaient depuis des années de siéger au Conseil des Droits de l'Homme des Nations Unies en raison du fait que celui-ci était composé aux deux tiers de pays qui violent sans cesse les droits de l'homme et qui ne trouvent en général qu'un seul pays à condamner et à fustiger : Israël. L'administration Obama a demandé que les Etats-Unis se voient accorder de réintégrer le Conseil dès le mois de mai 2009, ce qui fut aussitôt accepté. Ils ont, l'année suivante, présenté, très humblement, un premier rapport sur les droits de l'homme aux Etats-Unis, définissant le pays comme « violant encore différents droits », mais « ouvert à la critique » des autres membres du Conseil. Les critiques n'ont pas manqué lors de la séance au cours de laquelle le rapport a été discuté, le 5 novembre 2010 : les Etats-Unis se sont fait insulter violemment par les représentants de Cuba, de l'Iran, de la Chine et de la Corée du Nord. Les dignitaires américains n'ont, bien évidemment, pas quitté la salle[128].

Rose Gottemoeller, vice-ministre des affaires étrangères en charge du désarmement, œuvre avec diligence, sur

---

[128] Sur l'ensemble de ce sujet, cf. Eileen F. Toplansky, « America to Be Reviewed by Thugs of U.N. Human Rights Council », americanthinker.com, 30 aout 2010 ; Anne Bayefsky, « Obama's U.N. Debacle », nationalreview.com, 25 mars 2011.

ordre direct de Barack Obama, auprès du Bureau des Affaires de Désarmement des Nations Unies, pour que voie le jour un texte interdisant totalement les armes nucléaires dans le monde. Barack Obama a dit, dès sa première année de mandat, que les Etats-Unis seraient le premier « pays de la planète à se défaire de leurs stocks d'armes nucléaires », pour montrer l'exemple. Quand bien même les signes de prolifération s'exacerbent, il n'est pas revenu sur cette déclaration, qui ouvre la perspective d'un désarmement nucléaire unilatéral des Etats-Unis[129].

On doit souligner que dès son arrivée au pouvoir, Barack Obama a adopté une « nouvelle attitude » vis-à-vis de l'Europe centrale, de l'Asie Centrale, de la Georgie et, bien sûr, de la Russie.

Barack Obama, de fait, a commencé sa présidence par un geste marquant : le renoncement à l'installation de batteries anti-missiles en République Tchèque et en Pologne, décision officiellement entérinée quelques mois plus tard[130].

---

[129] Cf. Thomas Sowell, « The Naïveté of Nuclear Disarmament. Note to Obama : Nuclear weapons have helped stabilize the world », nationalreview.com, 17 septembre 2010 ; Peter Ferrara, « Obama's Unilateral Nuclear Disarmament », spectator.org, 4 avril 2012.

[130] Peter Baker, « White House Scraps Bush's Approach to Missile Shield », nytimes.com, 17 septembre 2009.

Il a continué en faisant savoir, par communiqué que l'occupation de l'Abkhazie et de l'Ossétie du Sud n'avait « plus à être considérée comme un obstacle à de bonnes relations » : le gouvernement géorgien a vu ainsi les Etats-Unis accepter le démembrement d'un pays, la République de Géorgie, dont l'administration Bush disait vouloir l'intégrité territoriale se trouver restaurée[131].

Sergei Lavrov, ministre des affaires étrangères de la République russe, a tiré ses propres conclusions assez vite : « Le cessez-le-feu entre la Géorgie et la Russie est désormais une relique du passé [132] ».

Barack Obama a signé, le 8 avril 2010, un nouveau traité de réduction des armes stratégiques (START) qui laisse inchangés les arsenaux russes, mais implique, entre autres, une réduction de vingt-cinq pour cent des arsenaux américains, et la fourniture à la Russie de toutes les indications requises sur l'emplacement des missiles nucléaires stratégiques américains sur la surface de la planète. La Russie, elle, n'a pas dans le cadre du traité, à fournir la moindre indication sur l'emplacement de ses propres missiles stratégiques. Le traité laisse totalement de côté les armes nucléaires tactiques pour un motif

---

[131] « Obama Talks About Georgia », nytimes, 10 février 2009 ; Sally McNamara, « Where is Obama on Georgia ? », heritage.org, 4 juin 2009.

[132] « Interview with Russian Foreign Minister : Moscow Optimistic about America's New Beginning », spiegel.de, 17 février 2009.

limpide : la Russie possède dix fois plus d'armes nucléaires tactiques que les Etats-Unis, et ne voulait surtout pas que ces armes soient mentionnées. Obama a accepté[133].

Deux mois après la signature du nouveau traité, en juin 2010, la Russie a fomenté un coup d'Etat contre le gouvernement de Kurmanbek Bakiyev au Kyrgyzstan : Bakiyev avait autorisé l'armée américaine, sous George W. Bush, à utiliser une base militaire dans le pays, à Manas. Poutine et Medvedev ont considéré que cette autorisation méritait sanction. Obama n'a pas dit un seul mot[134].

La Russie rétablit peu à peu sa zone d'influence dans l'ensemble des territoires qui composaient l'ancienne Union Soviétique. Tout en continuant à honorer ses contrats nucléaires avec l'Iran, elle en passe avec le Venezuela. Le tout avec l'assentiment d'Obama[135].

En Russie même, et au Belarus, des diplomates américains font régulièrement l'objet de menaces,

---

[133] Charles Krauthammer, « Obama's New Start », washingtonpost.com, 24 décembre 2010 ; Keith B. Payne et Tom Scheber, « The Threat of New START », nationalreview.com, 15 novembre 2010.
[134] « Russia's Role In The Kyrgyz Coup », nationalreview.com, 12 avril 2010. Voir aussi Simon Tisdall, « Russia may regret Kyrgyzstan coup », guardian.co.uk, 21 avril 2010.
[135] Danielle Pletka, « Russia/Iran/Venezula », 19 octobre 2010, american.com.

d'intimidations, d'agressions. Il a été établi par les services de renseignement américains eux-mêmes qu'un attentat contre l'ambassade des Etats-Unis à Tbilissi en septembre 2010 avait été fomenté par les services spéciaux russes[136].

Une phrase de Barack Obama, datée du 3 août 2011 : « J'ai commencé à parler d'un nouveau départ quand j'étais candidat à la présidence. J'ai immédiatement appelé le Président Medvedev une fois élu. Et, depuis, nous avons eu une relation de partenariat extraordinaire [137] ».

Medvedev a cédé, depuis, la place à Poutine, qui, redevenu Président, a déclaré vouloir reconstituer une sorte d'assemblage qui ne sera pas l'Union Soviétique, mais qui y ressemblera beaucoup : l'Union Eurasienne. Aucun commentaire, là encore, d'Obama. Quelques semaines avant que Poutine ne redevienne Président, Obama a chargé Medvedev d'un message personnel à destination de Poutine : « après ma réélection, je serai plus flexible ». Les mots n'étaient pas censés être enregistrés. Un micro les a néanmoins captés[138].

---

[136] Michael Cecire, « U.S. Embassy Bombing a Plausible Escalation for Russia in Georgia », worldpoliticsreview.com, 2 aout 2011.

[137] « Medvedev, Obama note that Russia's accession to WTO by year end realistic », kyievpost.com, 3 aout 2011.

[138] Anne Gearan, « Obama to Russia : More flexibility after elections », bostonglobe.com, 27 mars 2012.

On doit souligner que, dès son arrivée au pouvoir encore, Barack Obama a adopté une « nouvelle attitude » vis-à-vis de la Chine et de l'Asie.

Hillary Clinton a été dépêchée à Pékin pour délivrer un message de « consensus » et pour dire que ni les questions de droit de l'homme, ni ce qui concerne Taïwan ou le Tibet ne fera désormais obstacle[139].
Barack Obama, depuis, ne se contente pas de laisser la Chine monter militairement en puissance sans que cela suscite chez lui la moindre remarque ou la moindre réaction : il ne cesse d'énoncer, dès que l'occasion se présente, son admiration pour le modèle chinois et pour les « avancées économiques » rendues possibles par celui-ci. Une déclaration récente : « En un moment où un pays comme la Chine construit des trains à grande vitesse efficaces et de nouveaux aéroports rutilants, nous avons plus d'un million d'employés du secteur de la construction qui pourraient faire la même chose aux Etats-Unis si le gouvernement pouvait agir[140] ».

L'admiration conduit Barack Obama à traiter les dirigeants chinois avec beaucoup de déférence. Il a, ainsi, organisé, en janvier 2011, un dîner d'Etat qui s'est achevé

---

[139] « Tibet : Shock at Clinton's Stance on China », unpo.org, 23 février 2009.
[140] Ethan Epstein, « Obama's China Envy », frumforum.com, 27 janvier 2011. Sur ce sujet, voir aussi Jonah Goldberg, « Why We Need Not Envy China », nationalreview.com, 4 novembre 2011.

par un concert. On a joué et chanté la chanson favorite de Hu Jintao. La chanson s'appelle « Ma patrie ». Elle vient d'un film de propagande sur la guerre de Corée. On y parle des Américains comme de « loups » et de « chacals ». *Le Quotidien du peuple*, journal du Parti Communiste chinois a titré le lendemain : « La bonne chanson, au bon moment, au bon endroit[141] ».
Le Quotidien du peuple publie, en parallèle, des articles qui parlent de « rétablir une zone d'influence chinoise sur toute l'Asie », de « partenariats à renforcer avec des pays amis », la Russie, l'Iran, de « conflit à venir devant déterminer qui domine la planète ».

Un rapport du Ministère de la défense américain datant de septembre 2011 parlait de la « détérioration de l'équilibre militaire dans le détroit de Taïwan [142] ».

Quelques jours plus tard, l'administration Obama a refusé de vendre les avions de chasse F16 qu'elle s'était engagée à vendre à Taïwan et accepté simplement de faire réviser les avions dont Taïwan disposait déjà[143].

[141] Cf. Jay Nordlinger, « A Song and an Obscenity », nationalreview.com, 24 janvier 2011. Voir aussi Gordon Chang, « Hu Jintao Is Coming to Town », nationalreview.com, 18 janvier 2011 ; J. Robert Smith, « China : Danger Before the Doom ? », americanthinker.com, 22 janvier 2011.
[142] Richard C. Bush III, « The 2011 DOD China Report and Taiwan's Security », brookings.edu, 11 octobre 2011.
[143] Mark Landler, « No New F-16's for Taiwan », nytimes.com, 18 septembre 2011.

La Chine n'ayant jamais caché son intention d'absorber Taïwan, puis, plus au Sud, les îles Spratly, aux fins de contrôler le commerce maritime entre l'Asie Orientale, le Proche-Orient et l'Europe, a vu là un « geste positif ». Le rapport du Ministère de la Défense cité un peu plus haut notait : « Il est essentiel que les Etats-Unis maintiennent une position de force en Asie orientale pour endiguer les potentialités d'hégémonie chinoise[144] ».

Malgré un voyage empli de flatteries et de promesses de contrats dans le pays en novembre 2010, Barack Obama ne s'est pas privé, par contraste, de décrire l'Inde comme pays « menaçant les emplois américains » et ne respectant « pas les normes environnementales ». Ce qui a entraîné des tensions, et laissé penser au gouvernement indien qu'il devrait considérer qu'une alliance stratégique avec les Etats-Unis n'était pas du tout à l'ordre du jour[145].

Un rapport du Ministère de la Défense américain, publié, celui-là, en novembre 2008, notait qu'il était « essentiel, après les attentats de Bombay, de renforcer la coopération antiterroriste entre l'Inde et les Etats-Unis et

---

144 Richard C. Bush III, art.cit.

145 Rich Lowry, « President Obama in India », nationalreview.com, 9 novembre 2010 ; Derek Scissors, « The Wrong Way to Deal With India », heritage.org, 10 novembre 2010.

d'accentuer la surveillance des réseaux terroristes au Pakistan [146] ».

Trois ans plus tard, aucune trace, même minime, d'une décision en ces domaines n'est disponible où que ce soit. Au contraire.

Tirant ses propres conclusions, Manmohan Singh, Premier ministre indien, a signé des accords de coopération militaire et commerciale avec le gouvernement chinois. Les accords ont été signés à Sanya, en Chine, le 14 avril 2011. L'année 2012 a été proclamée dans les deux pays comme « l'année de l'amitié entre la Chine et l'Inde [147] ».

On doit le dire. Le Japon était, jusqu'à présent, un allié crucial des Etats-Unis en Asie. Le gouvernement japonais conduit par Yukio Hatoyama suite à la victoire du Parti Démocratique du Japon en 2009, constatant la montée en puissance de la Chine et l'attitude de l'administration Obama, a pris les devants, et placé au centre de son programme de défense une « réorientation en direction de l'Asie et de partenariats avec la Chine[148] ». Il a demandé la fermeture de la base américaine d'Okinawa. Ses successeurs, Naoto Kan, puis, depuis le 25 octobre

---

[146] Paul K. Kerr, Mary Beth Nikitin, « Pakistan's Nuclear Weapons : Proliferation and Security Issues », www.au.af.mil
[147] « Chinese president meets Indian PM on bilateral ties », xinhuanet.com, 14 avril 2011.
[148] Takashi Yokota, « The Real Yukio Hatoyama », thedailybeast.com, 18 septembre 2009.

2011, Yoshihiko Noda, ont énoncé les mêmes exigences. Obama « étudie » le dossier. En avril 2012, prélude à un mouvement plus vaste, Obama a décidé le retrait de 9000 soldats basés à Okinawa[149].

Barack Obama « étudie » également le dossier Nord Coréen. Son envoyé spécial a envoyé de Séoul une série de rapports disant qu'il « observait » la situation, mais qu'aucune décision prise par les dirigeants de Pyongyang ne devait susciter d'inquiétude[150]. La Corée du Sud ayant placé son armée en état d'alerte après le décès de Kim Jong Il, Obama a téléphoné au Président Sud Coréen, Lee Myung-bak, pour lui dire d'être « prudent », a dit le porte-parole de la Maison Blanche. Après un tir expérimental raté de missile à longue portée en avril 2012, Obama a demandé à Kim Jong Un, fils et successeur de Kim Jong Il, d'avoir le « courage de la paix [151] ».

On doit le dire. Barack Obama a adopté aussi une attitude nouvelle vis-à-vis de l'Afrique subsaharienne qui, selon toutes les données disponibles, l'intéresse fort peu. Il y a

---

[149] « US to remove 9,000 Marines from Okinawa », *Dayton Daily News*, 27 avril 2012.

[150] « U.S. Envoy : N. Korean Nuclear Claim No Surprise », npr.org, 22 novembre 2010. En novembre 2011, Stephen Bosworth, a été remplacé par Glyn Davies, ancien ambassadeur à l'Agence Internationale de l'Energie Atomique, mais la politique suivie reste identique.

[151] Steve Herman, « Obama Calls for North Korea to Have Courage to Pursue Peace », voanews.com, 25 mars 2012.

effectué un seul voyage. Ce voyage a duré vingt-deux heures en tout et pour tout, entièrement passées au Ghana. Obama y a prononcé un discours : « Nous croyons au potentiel et aux promesses de l'Afrique. Nous nous intéressons au futur de l'Afrique[152] ». Depuis ? Rien. La Chine, elle, s'implante. Al Qaida agit dans la zone sub-saharienne et en Somalie. Scott Gration a déclaré que le général Bashir était un homme fréquentable et incité Obama à demander au Congrès que le Soudan soit retiré de la liste des Etats soutenant le terrorisme[153]. Le Congrès a refusé.

Barack Obama a pratiqué le même désintérêt pour ce qui concerne l'Amérique latine. Et quand il y a eu autre chose que du désintérêt, on a pu constater une « nouvelle attitude » là encore.

Des accords de libre échange négociés en 2006 avec la Colombie, bloqués par la Chambre des représentants démocrates en 2007, ont été décrits comme « très secondaires » par Obama en 2009, lors d'une visite officielle à Washington d'Alvaro Uribe, proche de George W. Bush au temps de la présidence de celui-ci[154]. Ils n'ont

---

[152] « Obama's Ghana trip sends message across Africa », cnn.com,10 juillet 2009.

[153] « Sudan's Bashir says Gration positively impacting views within U.S. administration », *Sudan Tribune*, 28 juillet 2010.

[154] Sur ces points, cf. Duncan Currie, « Colombia Deserves Better », nationalreview.com, 22 février 2011 ; « Obama Still Stalling Free Trade Agreements While Pointing Fingers at Congress », varight.com, 12 aout 2011.

reçu l'aval de la Maison Blanche qu'en octobre 2011, après qu'Uribe ait quitté ses fonctions, et après que la Colombie ait envisagé de se tourner vers la Chine et le Venezuela et l'ait fait savoir très bruyamment[155].

Des accords commerciaux ont été ratifiés plus aisément avec le Brésil dont le Président jusqu'en décembre 2010 était Luiz Inacio Lula da Silva, qui n'a jamais caché son amitié pour Mahmoud Ahmadinejad[156]. Et des sociétés d'exploration pétrolière américaines, soumises à une interdiction d'activité dans le golfe du Mexique par l'administration Obama suite à l'explosion de la plateforme Deepwater Horizon, ont été incitées par la même administration Obama à se tourner vers les eaux territoriales brésiliennes et à travailler pour la firme semi-publique Petrobras, Petroleo Brasileiro. Obama lui-même s'est dit récemment « impatient » d'importer du pétrole brésilien, et prêt à payer le pétrole brésilien au « juste prix [157] ».

---

[155] Ray Walser, « U.S.-Colombia Free Trade Agreement : Will the U.S. Miss a Historic Opportunity ? », heritage.org, 6 octobre 2011 ; Tim Devaney, « Obama signs free-trade pacts », washingtontimes.com, 21 octobre 2011.

[156] Seth Kugel, « Brazil : Iran's best friend in the West ? », globalpost.com, 30 mai 2010.

[157] Victor Davis Hanson, « Obama's Dreamland », nationalreview.com, 14 avril 2011 ; « John Hayward, « Obama's Brazilian Oil Disaster », humanevents.com, 23 janvier 2012.

Lors d'un sommet des Amériques auquel il participait en avril 2009, Obama avait transmis sans ambiguïté le message qu'il entendait transmettre : suite à un discours particulièrement violent et anti-américain de Daniel Ortega, président marxiste du Nicaragua, il s'était contenté de répondre que ce que le discours décrivait s'était produit avant que lui, Obama, ait accédé au pouvoir[158]. À cette occasion, Hugo Chavez avait offert à Obama un exemplaire d'un livre appelé *Les veines ouvertes de l'Amérique latine*. Obama avait chaleureusement remercié Chavez. Le livre explique, sur un ton digne de Daniel Ortega, que la richesse des Etats-Unis découle du « pillage » du continent latino-américain[159].

En juillet 2010, Hugo Chavez a « nationalisé » (autrement dit confisqué) les installations de forage de la compagnie américaine Helmerich & Payne, qui venait d'investir cent millions de dollars dans celles-ci. Obama n'a rien dit, cela va de soi : tout comme il n'a rien dit jusqu'à ce jour des liens de plus en plus étroits entre le Venezuela, l'Iran, le Hezbollah.

En mai 2011, le Département d'Etat a fait savoir que, « inquiète » de ces liens, l'administration Obama prenait une mesure : l'interdiction pour la compagnie pétrolière

---

158 Mark Smith, « Obama extends hands to Chavez, Ortega at summit », freerepublic.com, 18 avril 2009.
159 Eduardo Galeano, *Les veines ouvertes de l'Amérique latine*, rééd. Pocket, 2006.

vénézuelienne Petróleos de Venezuela SA (PVSA) d'entretenir des liens commerciaux avec des entreprises américaines. Cette mesure est purement formelle et symbolique dès lors qu'elle n'est pas étendue à Citgo, la compagnie vénézuélienne qui détient des raffineries et des stations services aux Etats-Unis, et qui est la succursale américaine de PVSA[160].

En avril 2012, lors d'un autre Sommet des Amériques, Obama a tenté de se faire très discret. Il s'est fait sermonner, tête basse, par la présidente du Brésil, Dilma Roussef, qui a succédé à Lula et poursuit la même politique que lui, et entretient les mêmes relations que lui avec la République islamique d'Iran. Obama s'est contenté ensuite de féliciter Dilma Roussef pour son discours et les « extraordinaires succès du Brésil ». Celle-ci venait d'exiger, au nom de tous les autres Etats d'Amérique latine, que Cuba soit présent lors du prochain Sommet[161]. Voulant parler des îles Falkland, Obama les a appelées non pas Malvinas, le nom que leur donne l'Argentine, vis-à-vis de laquelle il voulait faire un geste (anti-britannique), mais Maldives, nom d'un archipel situé non pas à proximité de l'Amérique latine mais au large de l'Inde, à treize mille kilomètres des îles Falklands[162].

160 « US sanctions foreign firms trading with Iran », bbc.co.uk, 24 mai 2011.

161 Andrew Cawthorne et Brian Ellsworth, « Latin America rebels against Obama over Cuba », reuters.com, 15 avril 2012.

162 Jonathan Gilbert, « Barack Obama makes Falklands gaffe by calling Malvinas the Maldives », telegraph.co.uk, 16 avril 2012.

Obama pensait sans doute, au moment où il a parlé, davantage aux Maldives, où un coup d'Etat islamiste venait d'avoir lieu et où le dictateur juste intronisé, Mohammed Waheed Hassan, venait de recevoir l'approbation d'un certain Barack Obama[163].

On doit le dire. L'Europe occidentale elle-même n'intéresse que fort peu Barack Obama.

La participation de la France et du Royaume-Uni au renversement du régime Kadhafi en Libye a été accueillie favorablement par lui, puisqu'elle allait dans le sens de sa propre politique. Mais le renvoi vers Londres du buste de Winston Churchill offert par le gouvernement du Royaume-Uni à la Maison Blanche constituait un geste très symbolique concernant la façon dont Obama voit les liens entre les Etats-Unis et le continent européen[164].

Les difficultés financières de l'Union Européenne l'ont conduit à tenter de contribuer à ce que l'Union Européenne ne s'effondre pas et à apporter une contribution américaine aux plans de sauvetage mis en œuvre : un effondrement rapide de l'Union Européenne en 2012 aurait été nuisible aux intérêts à moyen terme que s'est défini Barack Obama, puisqu'il en aurait résulté

[163] « New Maldives leader Waheed Hassan vows calm transition », bbc.co.uk, 7 février 2012.
[164] Nile Gardiner, « Obama Throws Churchill Out of Oval Office », nationalreview.com, 17 février 2009.

des effets de choc très intenses aux Etats-Unis eux-mêmes[165].

« L'effondrement de l'Union Européenne », a noté David Horowitz, « n'aurait rien pour déranger Obama. Ce qui le dérangerait serait que cet effondrement survienne au moment où il est en campagne électorale[166] ».

« Le continent européen, pour Obama, est un continent vieillissant, en train de subir le retour de bâton de son arrogance passée », continuait Horowitz.

Au sein des structures de l'OTAN, l'allié sur lequel Obama entend s'appuyer s'appelle Recep Tayyip Erdogan, l' « ami remarquable ». Une Turquie islamiste réorientant sa diplomatie vers le monde musulman, vectrice d'une rhétorique anti-occidentale et agressive envers Israël a toute sa place dans l'OTAN selon Barack Obama, vraiment toute sa place[167].

Si on devait chercher dans toute la politique étrangère de Barack Obama autre chose qu'une forme de quête de l'affaiblissement des Etats-Unis, une série d'abandons

---

[165] Nile Gardiner, « Why Greece's economic collapse is a nightmare for Barack Obama », telegraph.co.uk, 16 mai 2012.
[166] David Horowitz, « Obama and Obamism », blip.tv/davidhorowitztv/obama-and-obamism-q-a-578, 30 novembre 2011.
[167] Barry Rubin, « Obama Hearts Turkish Leader Erdogan As He Oppresses His Own People and Stabs America in the Back », pjmedia.com, 26 mars 2012.

d'alliés des Etats-Unis et de gratifications offertes à des ennemis des Etats-Unis, islamistes surtout, mais pas seulement, on chercherait en vain, incontestablement, quelle que soit la zone de la planète[168], on chercherait en vain. Et l'ébranlement profond de ce que fut la « paix américaine », tout en les concernant au premier chef, ne concerne pas que le grand Moyen-Orient et le monde musulman, non.

On doit, en supplément, le souligner : à la différence de la politique intérieure, la politique étrangère de Barack Obama n'a pas connu d'infléchissement ou de mutation lorsque la révolte incarnée par les *tea parties* est montée en puissance.

Elle n'a pas eu à être modifiée après les élections de novembre 2010, car les élections de novembre 2010 n'ont eu aucun effet sur la politique étrangère.

Les « représentants spéciaux » du Président nommés en 2009 ont disparu ou ont été remplacés. Les tsars sont toujours tsars. L'équipe restreinte de trois personnes autour du Président continue à œuvrer. Les lignes directrices se poursuivent.

Obama n'aurait à consulter le Congrès que s'il entendait déclarer une guerre, car c'est, selon la Constitution, le Congrès qui déclare la guerre. Mais Obama n'entend

[168] Cf. Victor Davis Hanson, « Obama's Undiplomacy », nationalreview.com, 24 avril 2012.

déclarer aucune guerre, et n'en a déclaré aucune. Les envois de troupes américaines ailleurs sur terre, les recours à l'armée américaine dans diverses opérations, ont été décidés à la Maison Blanche, sans passage par le Congrès, et n'ont pas reçu le nom de « guerres »[169].

Obama devrait consulter le Congrès aussi s'il entendait signer un traité, car si le Président signe les traités, c'est, dit la Constitution, le Congrès qui les ratifie. Mais Obama n'entend signer aucun traité.

Obama doit faire ratifier le budget par le Congrès, mais aucun budget n'a été ratifié depuis l'automne 2009, et aucun ne sera ratifié avant novembre 2012.
Obama avance, disais-je. Et fort peu d'analystes mettent bout à bout ses diverses avancées.

Celles-ci n'en sont pas moins réelles, très réelles.

Ce à quoi l'on a assisté est au plus grand reflux de la puissance américaine depuis que les Etats-Unis ont commencé à assumer un rôle de puissance mondiale.

Sous Jimmy Carter, seul l'Iran avait été abandonné aux islamistes. L'Union Soviétique avait pris pied en Afrique subsaharienne et en Amérique centrale, et elle avait envahi l'Afghanistan. Mais il n'y avait rien eu d'équivalent

---

[169] Voir par exemple : Byron York, « White House : Libya fight is not war, it's 'kinetic military action' », 23 mars 2011, washingtonexaminer.com.

à ce qui s'est passé sous Obama. Le monde musulman représente plus d'un milliard d'êtres humains, et c'est tout le monde musulman qui est touché. La Chine est en pleine ascendance, et si elle n'a pas la force qui fut celle de l'Union Soviétique, elle n'a pas ses fragilités : elle est intégrée aux marchés et n'a plus une économie planiste et asphyxiée, elle n'occupe pas des pays potentiellement réticents. La Russie est déclinante, mais garde un pouvoir de nuisance considérable. Les liens entre islamistes et gouvernements latino-américains sont inquiétants.

Ce à quoi on a assisté depuis janvier 2009 n'est pas une débâcle, car tout s'est passé de manière relativement ordonnée, mais n'en a pas moins des allures de victoires multiples concédées sur tous les fronts où des batailles étaient engagées et en tous les lieux où un statu quo pouvait sembler installé.
Ce qui doit être ajouté est que des cercles vicieux ont été mis en branle par lesquels la politique intérieure s'imbrique dans la politique étrangère.

Les dépenses, les déficits, la dette servent à justifier les coupes dans le budget de la défense nationale américaine, et la nécessité proclamée de voir les Etats-Unis se tourner essentiellement vers leurs affaires internes en se détournant du reste du monde et en se donnant d'autres « priorités ».

Les dépenses, les déficits, la dette servent à expliquer, si le besoin s'en fait sentir, une attitude plus humble des

Etats-Unis, voire une attitude déférente de leur part vis-à-vis de pays détenant une part importante de la dette américaine.

Le chômage, la pauvreté au sein de la société américaine peuvent apparaître comme des dossiers plus essentiels encore lorsque le chômage et la pauvreté s'épandent.

La multiplication des pauvres, des chômeurs, et des gens placés en position d'assistés accroît le nombre de ceux qui sont bien davantage préoccupés par l'argent consacré à la pauvreté, au chômage et à l'assistance que par celui consacré à la défense.

Mettre l'accent sur le « retour des troupes au pays » peut apparaître comme un vecteur de décisions judicieuses si nul n'évoque la situation laissée dans les pays où les troupes étaient engagées, et Obama n'évoque jamais ce type de situation. Il dit que « la guerre est finie », qu'une « transition est en cours », que le « peuple américain soutient les troupes » qui « rentrent à la maison ». Et comme des soldats démobilisés se retrouvent eux-mêmes au chômage, parfois dans la pauvreté, les priorités budgétaires deviennent plus claires encore[170].

---

[170] « Troops Returning From Iraq Face Dismal Employment Outlook », losangeles.cbslocal.com, 20 décembre 2011 ; « Returning service members' next big battle : Unemployment », stripes.com, 13 mars 2012.

Les principaux acteurs du *crony capitalism* mis en place par Obama n'ont pas d'intérêts financiers dans la défense nationale. Les entreprises d'armement, comme les entreprises pétrolières, sont, depuis janvier 2009, en situation de nette défaveur.

Certains secteurs ont été favorisés, disais-je, d'autres ont été sinistrés ou sont en train de l'être. Les secteurs favorisés ne fabriquent pas d'armes, n'ont pas besoin de raffineries ou de supertankers naviguant sur des mers calmes.

Les organisations qui ont fabriqué et entretenu l'hostilité à « la guerre » avant Obama sont, bien évidemment, hostiles à tout ce qui pourrait permettre de faire la guerre ou simplement de se défendre, comme elles sont hostiles à tout ce qui pourrait permettre l'indépendance énergétique des Etats-Unis.
À la différence de la politique intérieure, la politique étrangère de Barack Obama n'a pas connu d'infléchissement ou de mutation lorsque la révolte incarnée par les *tea parties* est montée en puissance, ai-je écrit.

Elle a pu, au contraire, fonctionner en synergie avec la guerre de position que Barack Obama a mise en œuvre contre les *tea parties*, puis contre les conservateurs, les Républicains.

Barack Obama a présenté les *tea parties* comme « bellicistes », les conservateurs comme partisans des « guerres stupides » que lui, Obama, a su terminer ou rapprocher de leur achèvement.

Il a présenté et continue à présenter les Républicains comme prêts à des coupes budgétaires, mais pas à des coupes dans des dépenses « inutiles », telles celles consacrées à la défense dans une période où la « paix » est à l'ordre du jour[171]. Une « paix » qui n'est plus la « paix américaine », bien sûr.

En fustigeant les « riches », il fustige aussi ceux qui vivent grassement de ces dépenses « inutiles ».

Il se décrit aujourd'hui comme celui qui épargne des vies, contre ceux qui seraient prêts à adopter des postures menant à d'autres « guerres stupides ».

Il persiste jusqu'à ce jour à définir les convulsions qui ont secoué le monde musulman comme des signes d'espoir et de « liberté ».

Il présente plus que jamais des organisations telles que les Frères musulmans comme impeccablement « démo-

---

[171] Richard Wolf, « Obama orders more cuts in 'wasteful spending' », usatoday.com, 9 novembre 2011.

cratiques », ce qui lui permet de se définir comme étant du côté de la démocratie[172].

Il peut, dans ce contexte, inviter à Washington Nouri al Maliki au moment même où l'Irak se rapproche de l'Iran et de la Syrie, et décrire Maliki lui-même comme un être pétri de « démocratie »[173].

Il peut recevoir sur le même mode Hamid Karzai, et l'assurer lui aussi du soutien des Etats-Unis.

Il peut adopter la même attitude vis-à-vis d'Erdogan. Il pourra inviter à nouveau les dirigeants chinois.

Il pourra inviter le Premier ministre d'Israël et lui faire dire qu'ils sont des amis de toujours.

Il est le Président des Etats-Unis.

Les conservateurs, les Républicains, les gens issus des *tea parties* pourront dire que les Frères musulmans sont plus inquiétants qu'Obama ne le dit, que la situation en Irak ou en Afghanistan n'est pas aussi bonne qu'Obama ne l'affirme, qu'Erdogan est dangereux, que la Chine n'est pas inoffensive, que la Russie reste autocratique, qu'Israël est en situation périlleuse, ou que le Brésil n'est pas

---

[172] Mudar Zahran, « "Islam is Democracy !"What Is the Muslim Brotherhood ? », gatestoneinstitute.org, 27 février 2012.
[173] Cf. « Obama and Iraqi PM Al-Maliki Hold Joint News Conference », thegatewaypundit.com, 12 décembre 2011.

vraiment un allié. Ils pourront parler d'autres lieux, d'autres périls : ils seront décrits comme imprégnés de « préjugés ».

Barack Obama compte sur ce qui reste de la lassitude, de la démoralisation, de la délégitimation de la présidence Bush qui ont contribué à le faire élire.

Et il dispose là d'atouts. Il le sait. Nombre d'Américains s'intéressent moins à la géopolitique et à ses complexités qu'à l'économie. Nombre d'Américains aujourd'hui sont effectivement préoccupés, surtout, par la situation intérieure du pays.

Les attentats de septembre 2001 appartiennent à une ère révolue. Les périls que des analystes peuvent évoquer semblent lointains, peu susceptibles de se concrétiser. Certaines dépenses peuvent aisément être dépeintes comme inutiles. La paix peut être dépeinte comme étant effectivement à l'ordre du jour. Les troupes « rentrent à la maison », et il semble ne pas y avoir de débâcle.

Pour peu que des dangers se concrétisent malgré tout, Barack Obama se donnera les moyens de dire que cette concrétisation vient d'anciennes animosités auxquelles il a tenté de remédier, et dont ses ennemis, les conservateurs, les Républicains, sont responsables.

Barack Obama ne s'est reconnu, tout au long de son mandat présidentiel, qu'un seul ennemi : al Qaida et son chef, Oussama Ben Laden.

Il se targue, dès que l'occasion se présente, d'avoir fait exécuter Oussama Ben Laden au Pakistan, et d'avoir ainsi porté un coup décisif à al Qaida.

Il ne définira jamais et n'a jamais défini al Qaida comme un mouvement islamiste. Il n'a jamais parlé d'islam radical. Il n'emploiera jamais l'expression. Il parlera tout juste d' « extrémistes » : sans jamais dire en quoi les gens concernés sont extrémistes[174].

Fareed Zakaria n'est pas seulement l'auteur d'un article sur la possibilité d'endiguer l'Iran s'il se dote de l'arme nucléaire, il est aussi l'adepte d'un rapprochement entre les Etats-Unis et l'islam radical, ai-je dit.

Il a publié divers articles allant dans ce sens, et la pensée d'Obama va aussi dans ce sens.

Fareed Zakaria, qui fait partie des visiteurs du soir d'Obama est l'auteur d'un livre appelé *The Post-American*

[174] Cliff Kincaid, « Obama Neuters War on Islamic Terrorists : The battle against radical Islam has been transformed into a concern about "violent extremism", not Islamic terrorists or Islamists », canadafreepress.com, 24 mai 2012.

World, Le monde post-américain, qui a été la lecture de prédilection d'Obama pendant la campagne de 2008[175].

Barack Obama veut un monde post-américain.

Il vient de l'anti-colonialisme et de l'anti-impérialisme, ai-je dit.

Et, s'il est fasciné par la Chine, très révérencieux vis-à-vis de la Russie ou de l'Amérique latine, il voit dans l'islam radical une force anticolonialiste et anti-impérialiste primordiale.

Il a fait exécuter Oussama Ben Laden. Certes.

Mais on doit noter que cette exécution a eu lieu à un moment où une divergence se dessinait entre Oussama Ben Laden et Ayman Al Zawahiri. Ben Laden était favorable à la poursuite d'attentats en Occident, Ayman Al Zawahiri estimait que les objectifs d'al Qaida : restauration d'un califat islamique, élimination de toute présence occidentale dans le monde musulman pouvait, en l'ère d'Obama et dans le contexte de la vague islamique dans le monde arabe, se faire autrement, en contribuant à la vague. Ben Laden n'est plus. La tendance

[175] Fared Zakaria, *The Post-American World*, W. W. Norton & Company, 2008.

Al Zawahiri est aux commandes. Barack Obama ne parle jamais d'Ayman Al Zawahiri[176].

On doit noter que Barack Obama a fait entrer à la Maison Blanche d'anciens membres d'organisations affiliées aux Frères musulmans. Dalia Mogahed, première femme voilée et adepte de la charia à travailler en ce lieu, responsable du « dialogue entre les religions ». Ingrid Mattson, femme voilée convertie à l'islam, responsable des « affaires familiales ». Ingrid Mattson est ancienne présidente de l'Islamic Society of North America (ISNA), Dalia Mogahed était membre de l'ISNA[177]. Barack Obama a nommé ambassadeur des Etats-Unis à l'Organisation de la Conférence islamique un hafiz, un homme qui connaît le Coran par cœur, Rashad Hussain, ancien membre de la Muslim Students Association. Il a nommé Azizah al-Hibri, membre de l'American Muslim Council, commissaire à la U.S. Commission on International Religious Freedom, chargée de veiller sur la « liberté religieuse » dans le monde[178].

---

[176] Cf. Daveed Gartenstein-Ross, B*in Laden's Legacy : Why We're Still Losing the War on Terror*, Wiley, 2011.
[177] « Islamic flag over the White House », 4 octobre 2010, washingtontimes.com.
[178] J.C. Arenas, « Pro-jihadist Rashad Hussain », 18 février 2010, americanthinker.com; Sara Noble, « Czar Azizah al-Hibri – Sharia Law Preferable to American Justice », 29 septembre 2011, independentsentinel.com ; Jamie Glazov, « The Muslim Brotherhood's Penetration of the Obama Administration », 3 février 2011, frontpagemag.com.

Face à des cas décrits par Daniel Pipes comme relevant du syndrome soudain de djihad (*sudden jihad syndrome*)[179], Obama a toujours dit qu'il s'agissait de l'acte de « déséquilibrés ». Ainsi, après que le major Nidal Malik Hasan ait tiré sur ceux qui l'entouraient dans l'enceinte de la base militaire de Fort Hood, au Texas, en criant *Allahou Akbar*, a-t-il déclaré qu'Hasan était un homme souffrant de dépression nerveuse et que son geste était « inexpliqué[180] ».

Les gens arrêtés pour avoir commis ou tenté de commettre des attentats terroristes djihadistes sont traités par l'administration Obama comme des criminels de droit commun, et non comme des gens impliqués dans des actes de guerre : même lorsqu'ils ont agi pour le compte d'un gouvernement étranger. Ils peuvent dès lors bénéficier du droit de garder le silence et de la présomption d'innocence garantis par le Bill of Rights. Ainsi en a-t-il été pour Faisal Shahzad, l'auteur de la tentative d'attentat à Times Square, au centre de New York, en mai 2010[181]. Ainsi en va-t-il pour Manssor Arbabsiar et Gholam Shakuri, arrêtés le 11 octobre 2011,

---

179 Daniel Pipes, « Sudden Jihad Syndrome – It's Now Official », danielpipes.org, 2 janvier 2008.

180 Daniel Pipes, « Sudden Jihad or "Inordinate Stress" at Ft. Hood ? », frontpagemag.com 9 novembre 2009 ; Phil Boehmke, « Obama's Fort Hood amnesia », americanthinker.com, 7 novembre 2010.

181 Ryan Mauro, « Faisal's Terror Ties », frontpagemag.com, 10 mai 2010.

et accusés d'avoir tenté de fomenter un attentat à Washington pour le compte du régime de Téhéran[182].

Barack Obama a longtemps voulu fermer Guantanamo. Si Guantanamo existe encore, c'est qu'il n'a, à ce jour, trouvé aucun gouverneur prêt à accepter les prisonniers de Guantanamo sur le sol de l'Etat qu'il dirige[183]. Mais Guantanamo est peu à peu vidé de ses prisonniers. L'essentiel de ceux détenus à Guantanamo avaient été capturés en Afghanistan, et puisque les talibans seront bientôt de retour au pouvoir, pourquoi Obama voudrait-il garder quiconque a été capturé en Afghanistan ?

Barack Obama est un révolutionnaire complet, ai-je écrit. Un révolutionnaire cohérent. Conséquent.

Lorsque, rédigeant *La résistible ascension de Barack Obama*, j'ai cherché à définir ce que pouvait être la doctrine Obama concernant le monde musulman et le grand Moyen Orient, j'en suis arrivé à la conclusion qu'il voulait rendre cette région plus sûre pour l'islam radical. C'est très exactement ce qui est en train de se passer.

---

[182] Rick Moran, « Foiled Iran terror plot », 11 octobre 2011, americanthinker.com ; Bob Owens, « Act of War : Iranian Terror Attack in U.S. Thwarted. Once again, the Obama administration intends to treat an act of war as a law enforcement matter », pjmedia, 11 octobre 2011.
[183] Peter Finn, « Guantanamo Bay : Why Obama hasn't fulfilled his promise to close the facility », washingtonpost.com, 4 avril 2011.

Lorsque j'ai cherché à définir ce que pouvait être la doctrine Obama pour ce qui concerne le reste du monde, j'ai noté que celle-ci consistait à considérer que la puissance américaine était le problème majeur, et que remédier au problème impliquait de détruire la puissance américaine ou, au moins, de l'amoindrir considérablement. Pour aller vers une planète régie par les Nations Unies et par un ensemble de régimes autoritaires non occidentaux, de préférence anti-occidentaux. C'est là encore très exactement ce qui est en train de se passer.

Barack Obama veut un monde post-américain, ai-je écrit.

Il se présente pour cela comme un homme de paix venant poser un baume très doux sur les blessures de la planète.
Il se présente comme un réconciliateur, comme un homme qui fait avancer la démocratie.
Les périls que des analystes peuvent évoquer semblent lointains, ai-je écrit. Très lointains. Vraiment très lointains.

Les soldats rentrent à la maison, et certains d'entre eux deviennent pauvres et chômeurs.

Précisément : il y a des pauvres et des chômeurs en nombre très important aux Etats-Unis.

Il y a, dit Obama, des « priorités ».

Lorsque la révolte incarnée par les *tea parties* est montée en puissance, elle n'était pas motivée essentiellement par des considérations de politique étrangère. Elle comptait même dans ses rangs une frange d'adeptes d'un retour des soldats au pays, peu préoccupés par le reste du monde.

Néanmoins, le sentiment que s'opérait un abaissement des Etats-Unis imprégnait l'atmosphère. Ce sentiment persiste.

L'idée que les Etats-Unis devaient rester forts, défendre et affirmer leurs valeurs, ne pas se laisser abaisser, était très présente. Elle l'est toujours[184].

Le péril incarné par l'islamisme et la complaisance d'Obama envers ce péril étaient très nettement perçus. Ils le sont toujours.

La montée en puissance de la Chine et le retour de la Russie y étaient observés avec inquiétude. L'inquiétude n'a pas disparu.

L'isolement d'Israël suscite dans tout le pays le plus fort courant de soutien à Israël qu'il m'ait été donné de voir depuis des décennies. Et ce courant est là. Aujourd'hui[185].

---

[184] Sur ce sujet, voir par exemple : Michael Johns, « Tea Party Agenda : Restore American Greatness », teapartybrew.com, 1er novembre 2011.

Le peuple américain du pays profond ne veut pas d'un Président faible ou pire que faible, menaçant peut-être les valeurs du pays.[186]

Le candidat républicain à la présidence évoque les périls résultant d'une présidence faible et d'une substitution de la « paix » tout court à la « paix américaine ».

Obama, lui, affirme ses « priorités ». La « paix » tout court. La « réconciliation ».

Ses stratèges insistent sur la nécessité de s'occuper avant tout de la pauvreté, du chômage, des problèmes intérieurs.

Ceux qui lui font face s'efforcent de montrer qu'il y a aussi le reste du monde.

Le candidat républicain parle d'économie, et parle aussi du reste du monde.

Les troupes de Barack Obama, plus particulièrement les organisateurs de communauté et les militants d'extrême

---

[185] « Support for Israel in U.S. at 63%, Near Record High », gallup.com, 24 février 2010 ; « Americans Maintain Broad Support for Israel », gallup.com, 28 février 2011. Cf. Jonah Goldberg, « Why Americans Support Israel », 14 janvier 2009, nationalreview.com.

[186] Daniel Bates, « What now for Obama ? President looks weak », dailymail.co.uk, 1er aout 2011.

gauche vont plus loin que lui dans leurs revendications. Barack Obama compte sur leurs propos pour s'affirmer « modéré », beaucoup plus « modéré ».

Ceux qui lui font face s'efforcent de montrer qu'il n'y a jamais eu de modération chez Obama ailleurs que dans l'image qu'il s'est construite, et que derrière l'image affichée de « modéré », il y a tout autre chose. Le candidat républicain s'efforce lui-même de montrer qu'Obama n'est pas un modéré.

Tout parlant de « paix », de réconciliation, Obama, de fait, désigne aussi des coupables en politique étrangère.

Tout en s'affirmant modéré, il diffame et laisse diffamer aussi en politique étrangère.

Les coupables ? Les conservateurs, les Républicains, les gens issus des *tea parties*, bien sûr. Les « bellicistes », les « marchands d'armes ». Il leur dira que « la guerre n'est pas un jeu », qu'il faut se défier des propos « irresponsables ».

Il veut gagner, retrouver les pleins pouvoirs, disposer des moyens d'achever ce qu'il a commencé.

Il parle et agit.

Ce qu'il a accompli est d'ores et déjà, si on regarde les choses sous l'angle de la liberté et de la prospérité à moyen terme, effroyable, ai-je écrit.

Et ce qu'il a accompli ne l'a pas été seulement à l'intérieur des frontières des Etats-Unis, mais sur la planète entière.

Les Républicains, les conservateurs, les gens issus des *tea parties*, le candidat républicain à la présidence, s'efforcent d'expliquer.

La révolte née avec les *tea parties* est toujours là, mobilisée. Elle restera mobilisée jusqu'au 6 novembre, jusqu'à la victoire qu'elle veut emporter.

Obama dispose d'atouts, incontestablement. La géopolitique est plus complexe et moins directement tangible au quotidien pour la population américaine que l'économie. Nombre d'Américains sont préoccupés par la situation intérieure du pays.

Après avoir cité Franklin Roosevelt, Obama cite Theodore Roosevelt.

Mais il se garde d'évoquer la politique étrangère de Franklin Roosevelt, qui a fait face au nazisme et aux puissances de l'axe. Et il se garde d'évoquer la politique étrangère de Theodore Roosevelt, qui parlait non pas de désarmement, mais de la nécessité de « porter un gros bâton »[187].

Tout en citant l'un, puis l'autre, tout en osant se comparer lui-même à Ronald Reagan parfois[188], et tout en parlant de rassemblement, il maintient vives les divisions.

Et tout en se décrivant lui-même comme un homme de paix, de réconciliation, il laisse divers venins se disséminer.

Dans le mouvement Occupy Wall Street, on a trouvé des slogans contre les « riches », les un pour cent censés être « hostiles » aux quatre vingt dix neuf pour cent.
On a trouvé aussi des slogans ouvertement « anti-impérialistes » et antisémites.

Barack Obama a dit comprendre les revendications d'Occupy Wall Street. Il a fait comme s'il n'avait ni vu ni entendu quoi que ce soit d' « anti-impérialiste » ou d'antisémite parmi celles-ci[189].

---

[187] Sur ce sujet, cf. Walter Coffey, « Theodore Roosevelt and Big Stick Diplomacy », suite101.com, 13 juin 2010.

[188] Voir Deroy Murdock, « Obama vs. Reagan », Thomas Lifson, nationalreview.com, 12 septembre 2011 ; « The laughable propaganda comparing Obama and Reagan », americanthinker.com, 27 janvier 2011.

[189] Tim Mack, « Obama 'really understands' Occupy », politico.com, 28 octobre 2011.

Il s'est déclaré et se déclarera hostile à tout antisémitisme. Il s'est dit et se dira peu concerné par les discours « anti-impérialistes ».

Mais il ne réprouve pas. Il n'a jamais réprouvé cette dimension d'Occupy Wall Street.

Peut-il la réprouver ?

Il vient des rangs de ceux qui ont formé Occupy Wall Street.

Il garde avec eux des milliers de liens et de linéaments.

La doctrine Obama en politique étrangère n'est écrite nulle part. Elle s'est tissée de paroles en paroles, d'actes en actes, de décisions en décisions.

Comme le *crony capitalism*, elle se constate et peut être décrite par ceux qui la constatent.
Un révolutionnaire fait la révolution et ne laisse pas de trace de ses intentions réelles. Il doit « créer le désenchantement, susciter un climat qu'il va utiliser, ne jamais énoncer clairement ses intentions ». Une phrase de Saul Alinsky[190].

Le plus grand reflux de la puissance américaine depuis que les Etats-Unis ont commencé à assumer un rôle de puissance mondiale, ai-je écrit.

---

[190] Saul Alinsky, *Rules for Radicals*.

Ce reflux s'ajoute à la plus grande transformation économique, juridique et sociale qu'ait connue le pays depuis les années Franklin Roosevelt.

Barack Obama est un révolutionnaire complet. Cohérent. Conséquent.

Il est le premier Président à s'être appuyé sur des organisations d'extrême gauche pour parvenir au pouvoir, et le premier Président à s'appuyer encore sur des organisations d'extrême gauche quatre années plus tard.

Il sait ce qu'il veut.

Ce qu'il a accompli est d'ores et déjà, si on regarde les choses sous l'angle de la liberté et de la prospérité à moyen terme, effroyable, oui.

Et il ne s'agit pas seulement de la liberté et de la prospérité aux Etats-Unis, mais sur la planète.

Le monde n'est plus ce qu'il était à l'automne 2008.

Les Etats-Unis s'effacent et se retirent. Un ordre planétaire qui s'était trouvé mis en place au lendemain de la Deuxième Guerre Mondiale est en train d'être conduit vers l'abolition. Les Nations Unies ne régissent pas et n'ont jamais rien régi. Elles sont dominées par de multiples dictatures et tyrannies que les régimes démocratiques occidentaux parviennent parfois à réfréner. Divers régimes autoritaires aiguisent leurs appétits, Chine ou Russie, Venezuela, Iran. Le grand Moyen Orient glisse de manières multiples vers l'islamisme. De nouveaux rapports de force et de faiblesse se tissent.

Ce n'est pas un autre ordre qui prend place, mais une décomposition de l'ordre.

Barack Obama veut un monde post-américain.

C'est un anti-colonialisme et un anti-impérialisme. Jusqu'à ce jour. Il accomplit ce qu'ont toujours voulu accomplir les anti-colonialistes et les anti-impérialistes.

Il veut une Amérique après l'Amérique, détériorée, détraquée, et il veut un monde après l'Amérique, après « l'impérialisme ».

Il avance.

Ceux qui lui font face s'efforcent de freiner son avancée, de l'interrompre, de l'inverser. Ils n'ont pas le pouvoir.

Ils ont peu d'influence sur la politique intérieure que mène Barack Obama et peuvent tout juste mener la guerre de position qui leur est imposée. Ils n'ont aucune influence sur la politique étrangère.

Ils ne retrouveront une influence sur la politique étrangère que si Obama perd, et quitte la Maison Blanche.

Obama, pour gagner, compte, outre les cohortes syndicales, les « organisateurs de communauté », les hordes gauchistes, sur tout l'appareil gouvernemental.

Il compte sur les grands médias : en politique étrangère comme en politique intérieure.

Ceux qui lui font face n'ont pas les mêmes capacités de mobilisation, même s'ils en ont aussi. Ils n'ont pas les mêmes moyens.

Ils ont les médias conservateurs.

Obama, en politique étrangère comme en politique intérieure, pense qu'il est très près de l'irréversibilité. Il veut l'atteindre.
Ceux qui lui font face sont prêts à se battre jusqu'au bout pour qu'il ne l'atteigne pas.

Obama fera tout pour gagner. Strictement tout.

Il pourra même, s'il le juge utile électoralement, se présenter comme un guerrier ayant mené secrètement la guerre commencée sous George W. Bush, et divulguer opportunément des dossiers censés relever du « secret défense » dont nul ne saura s'ils sont de vrais ou de faux dossiers[191].

Il changera de masque aussi souvent que cela lui semblera nécessaire[192].
Il fera tout, disais-je.

La question peut se trouver posée à nouveau : peut-il gagner ?

Ce n'est pas du tout impossible, ai-je écrit.

Dans le domaine de la politique étrangère, je l'ai noté, il dispose d'atouts.

---

[191] Deux dossiers ont ainsi été « divulgués » en mai et en juin 2012 : l'un sur des assassinats ciblés et l'établissement par Obama lui-même de listes de personnes à éliminer (« Obama's Leadership in War on al Qaeda », nytimes.com, 29 mai 2012), l'autre sur des programms de cyber-guerre (« Obama Order Sped Up Wave of Cyberattacks Against Iran », nytimes.com, 1er juin 2012). Ces divulgations ont été contre-productives en ce qu'elles ont entraîné des interrogations et des demandes d'enquêtes sur la véracité des dossiers et sur les implications de la divulgation de secrets défense pour la sécurité du pays si les divulgations devaient se révéler exactes (cf. Bridget Johnson, « White House Faces Mounting Chatter Over Intelligence Leaks », pjmedia.com, 8 juin 2012).

[192] Victor Davis Hanson, « Two, Three, Many Obamas », nationalreview.com, 29 mai 2012.

Les résultats qui se dessinent sont potentiellement cataclysmiques, mais un cataclysme visible, flagrant, n'a pas eu lieu.

Le pays profond, les Américains attachés à l'Amérique, discernent que c'est un Président faible, voire pire que faible, dangereux pour le pays. Mais sont-ils à même de le faire comprendre à un nombre de gens suffisamment important ?

Plus des deux tiers des Américains désormais pensent que le pays va dans la mauvaise direction. Plus de soixante pour cent d'entre eux considèrent que la politique économique suivie n'est pas la bonne. *Mais cinquante pour cent approuvent sa politique étrangère.* Un chiffre plus élevé encore que celui des opinions favorables à son égard[193].

Obama n'a pas gagné. Mais au vu des appréciations le concernant dans le domaine de la politique étrangère, je pense que sa victoire est très envisageable.

L'élection de 2012 sera une élection décisive, oui.

Il est de plus en plus clair que ce qui s'y jouera sera infiniment plus que le futur des Etats-Unis.

Dans *Dimantling America*, Thomas Sowell s'inquiète non seulement de la destruction de la société américaine,

---

193 Cf. realclearpolitics.com/polls.

mais aussi de la destruction de la sécurité nationale américaine et de la sécurité planétaire. « La fin d'une ère », note-t-il. Et il semble considérer qu'il est trop tard.

Mark Steyn, dans *After America* : « Le monde qui vient après l'Amérique commence à prendre forme. Ce sera un monde fracturé, parcouru de forces hostiles, de brutes, de gens résignés ».

Mark Steyn, lui aussi, semble considérer qu'il est trop tard.

Je m'efforce, je l'ai dit, de ne pas être aussi pessimiste que Thomas Sowell et Mark Steyn.

C'est un fait néanmoins : il est très tard. Vraiment très tard.

C'est un fait : la société américaine subit un processus de destruction. L'ordre du monde aussi. La sécurité des Etats-Unis est affaiblie. La liberté sur terre recule.

Il est extrêmement tard.

Les dégâts des années Obama sont visibles, très visibles aux Etats-Unis aujourd'hui. Ils sont visibles aussi sur toute la planète pour qui sait regarder, et discerne encore les relations de cause à effet.

Une Amérique après l'Amérique, prend forme, détériorée, détraquée.

Un monde après l'Amérique s'esquisse.

Ce n'est pas la première fois dans l'histoire récente que des ennemis de la liberté gagnent du terrain sur la planète.

C'est la première fois qu'un homme de la gauche extrême dispose du pouvoir exécutif à Washington.

C'est la première fois qu'un « anti-impérialiste » imprégné des idées de Saul Alinsky et de Frantz Fanon devient Commander in Chief et occupe le bureau ovale de la Maison Blanche.

C'est aussi la première fois qu'une révolte conservatrice a eu lieu, ai-je écrit.
En Europe, on ne comprend pas ce qui se joue, non. On ne comprend pas davantage la décomposition de l'ordre du monde qu'on comprend l'action d'Obama au sein des Etats-Unis et la révolte du pays profond qu'ont incarné les *tea parties*.

En Europe, on ne veut pas voir. On ignore ce qu'on ne veut pas voir.

« L'agonie de l'Europe a pu être relativement paisible parce que les Etats-Unis veillaient », a écrit Mark Steyn.

Si Obama arrivait à ses fins « l'agonie paisible de l'Europe » pourrait rapidement se transformer en « agonie douloureuse ». Ce qui se passe en Grèce, en Espagne, ailleurs encore, montre que l'agonie douloureuse pourrait se révéler proche, très proche.

La chute de la maison Obama

Orlando, Floride. Septembre 2011. Conservative Political Action Conference. Trois mille cinq cent personnes venues de toutes les villes et de tous les comtés de l'Etat. Tous les candidats aux élections primaires républicaine sont là, prononcent un discours, organisent des rencontres. Des étoiles montantes du mouvement conservateur viennent aussi, le colonel Allen West, le sénateur Marco Rubio, né à Miami de parents venus de Cuba lors de la prise du pouvoir par Fidel Castro. Des commentateurs politiques : Stephen Hayes, Rich Lowry, Bill Kristol. Des chercheurs venus de *think tanks* importants, Heritage Foundation, American Enterprise Institute, Heartland Institute. Les dirigeants de Freedom Works, la principale coalition incarnant le mouvement des *tea parties*. Des conférences ont lieu sur tous les sujets : assurances santé, politique économique, politique étrangère. Des universitaires parlent. Des auteurs signent leurs livres.

Ce n'est là qu'une seule des dizaines de réunions qui se succèdent et vont se succéder dans tout le pays jusqu'à novembre 2012.

Depuis la révolte dont sont nées les *tea parties*, le mouvement conservateur s'est levé aux Etats-Unis, et ne s'est plus vraiment arrêté.

Il a conduit à la victoire de novembre 2010 qui a renversé la majorité démocrate à la Chambre des représentants et fortement érodé la majorité démocrate au Sénat.

Il s'est retrouvé à Tampa, à cent trente kilomètres d'Orlando, pour désigner officiellement le candidat républicain qui affrontera Obama le 6 novembre.

Il entend remporter une victoire plus précieuse encore que celle de 2010 : celle qui conduit à la Maison Blanche et au pouvoir exécutif, celle qui, espère-t-il, lui permettra, en outre, de disposer cette fois d'une majorité dans les deux chambres du Congrès.

Il s'est battu, des mois durant, pour trouver un candidat qui porterait ses valeurs et qui lui semblerait le digne successeur de George Washington, Abraham Lincoln et Ronald Reagan.

Des affrontements rudes ont eu lieu. Des confrontations parfois féroces.

La rudesse et la férocité ont été justifiées par l'enjeu.

Le mouvement conservateur ne voulait pas se voir confisquer l'élan qu'il a porté. Il ne voulait pas d'un RINO, Republican In Name Only.

Il ne voulait surtout pas courir le risque de voir un candidat trop faible laisser gagner Barack Obama. Avec raison.

Le candidat, Mitt Romney, a dû batailler ferme pour s'imposer[194].

« Ce sera l'élection la plus importante de notre vie », a dit Bill Kristol dans un entretien, faisant écho à George Will et à Charles Krauthammer.

« L'une de celles où se joue la destinée du pays et du monde », ajoutait Will.

Un « choix qui dira si les Etats-Unis se redresseront ou s'ils s'enfonceront dans un déclin quasiment irréversible », précisait Krauthammer.

Obama est arrivé très près de l'irréversibilité. Il veut l'atteindre. Il pourrait l'atteindre en cas de réélection. Il toucherait au but qui a été le sien depuis le commencement de sa vie militante voici une trentaine d'années. Il passerait dans l'histoire. Il serait non pas seulement le « premier Président noir des Etats-Unis »,

---

[194] Cf. William Tucker, « Meet the Real Mitt Romney », spectator.org, 8 mai 2012 ; Jonah Goldberg, « The Case for Romney », nationalreview.com, 3 février 2012 ; « One conservative's case for Mitt Romney », humanevents.com, 21 mars 2012 ; « 5 reasons the GOP thinks Romney can win », theweek.com, 28 mai 2012.

ou le premier militant de gauche extrême à accéder à la fonction suprême à Washington, mais infiniment plus : celui qui a terrassé la première puissance économique, politique et militaire du monde, celui qui, parti du statut d'agitateur social de base serait parvenu au poste de commandement le plus élevé, et aurait fait qu'ensuite, il n'y ait plus qu'un poste de commandement très diminué[195].

De fait : *tout endettement supplémentaire ferait passer aux Etats-Unis la barre fatidique où la dette est équivalente à cent pour cent du produit intérieur brut et où la dette commence à sembler à jamais non remboursable*. Aujourd'hui la barre est quasiment atteinte[196].

Toute dégradation durable de la note des Etats-Unis par les agences de notation conduirait à ce que les emprunts ultérieurs coûtent beaucoup plus cher. Ce qui rendrait la situation bien plus difficile encore à redresser.

---

[195] Sur ce que pourraient être les conséquences d'un second mandat d'Obama, cf. David Limbaugh, *The Great Destroyer : Barack Obama's War on the Republic*, Regnery Publishing, 2012 ; Dinesh D'Souza, *Obama's America : Why We Can't Afford Four More Years Under Barack Obama*, Regnery Publishing, 2012.

[196] Cf. Peter Ferrara, *America's Ticking Bankruptcy Bomb : How the Looming Debt Crisis Threatens the American Dream-and How We Can Turn the Tide Before It's Too Late*, Broadside Books, 2011.

Et il ne fait strictement aucun doute que la politique de Barack Obama si elle devait se poursuivre, impliquerait d'immenses déficits, donc un endettement qui se poursuivrait et s'accroîtrait. Et une dégradation durable de la note des Etats-Unis.

De fait : les dépenses impliquées par la Social Security, forme de système de retraite par répartition en vigueur aux Etats-Unis, et par les systèmes d'assistance santé aux personnes âgées et aux plus pauvres, Medicaid et Medicare, sont en augmentation vertigineuse, ce qui impliquerait que les systèmes concernés soient profondément réformés et retrouvent d'urgence les moyens d'une viabilité financière[197].

Et il ne fait strictement aucun doute que la politique de Barack Obama, si elle devait se poursuivre, ne serait porteuse d'aucune réforme de ces systèmes. Les syndicats et les « organisateurs de communauté » ne cessent de faire savoir qu'ils ne veulent aucun changement sur ces points, et préféreraient la banqueroute généralisée plutôt que changer de position.

La loi Obamacare, programmée pour entrer en vigueur en 2014, entrerait sans aucun doute effectivement en vigueur, avec son cortège de coûts, d'asservissements bureaucratiques, de destruction de la liberté de choix, et

---

[197] « Social Security, Medicare bankruptcy accelerates, Trustees report », netrightdaily.com, 23 avril 2012.

entraînerait une nationalisation rapide du secteur médical, hospitalier, pharmaceutique[198].

De fait : une autre barre fatidique est quasiment atteinte et pourrait se trouver franchie bientôt, celle où ceux qui paient des impôts directs représentent moins de la moitié de la population. Quand une situation de ce genre se met en place, il existe une majorité électorale prête à soutenir les augmentations d'impôts de la minorité de la population qui en paie, et cette majorité est, en général, prête à voter pour tout dirigeant politique qui promet ce type d'augmentations et les assortit de promesses d'allocations sociales supplémentaires[199].

En adoptant son positionnement présent, Obama se présente déjà comme un dirigeant politique disposant d'une situation de ce genre. S'il était réélu, la barre serait franchie, dès la fin de l'année 2013.

Des augmentations d'impôts telles que celles déjà prévues par Obama dissuaderaient les investisseurs, les innovateurs, les créateurs d'entreprise, et feraient du déclin amorcé par les destructions infligées au pays par Obama une réalité écrasante.

---

[198] Cf. Sally Pipes, *The Truth About Obamacare,* Regnery Publishing, 2010.
[199] Michael G. Franc, « The Stealth Expansion of the Welfare State », nationalreview.com, 8 mai 2012.

De fait, l'endettement exacerbé, le coût des emprunts, détruirait la possibilité pour les Etats-Unis de garder une défense efficace. Le secteur de la défense est déjà touché par des coupes immenses. Ces coupes se poursuivraient et pourraient même s'accélérer, plaçant ainsi le pays dans une position de vulnérabilité sans précédents depuis le début du vingtième siècle.

Les alliances qui subsistent entre les Etats-Unis et d'autres pays du monde se déferaient.

Un basculement pourrait s'opérer dans l'institution qui est la clé de voûte du système institutionnel américain : la Cour Suprême, gardienne de la Constitution et du Bill of Rights, qui a le pouvoir de casser toute décision juridique, toute loi avant qu'elle soit mise en œuvre. Chacun des neuf membres de la Cour, *justices*, est nommé à vie. Les décisions à la Cour se prennent à la majorité. Obama a déjà pu nommer deux *justices* prêts à changer radicalement le pays : Sonia Sotomayor et Elena Kagan[200]. Leurs voix s'ajoutent à celles de Ruth Bader Ginsburg et de Stephen Breyer, nommés sous Clinton, et eux-mêmes très à gauche. Ils ont en face d'eux Antonin Scalia, nommé sous Ronald Reagan, Clarence Thomas, nommé sous Gorge Herbert Walker Bush, Samuel Alito et John Roberts, nommés sous George Walker Bush. Le neuvième

[200] Sur Sonia Sotomayor, cf. Ben Johnson, « Sotomayor's Racialist Judicial Activism », frontpagemag.com, 26 juin 2009. Sur Elena Kagan : Dick Morris, « Kagan's Sharia Compliance », townhall.com, 23 juillet 2010.

justice, Anthony Kennedy, nommé lui-même sous Ronald Reagan est un modéré qui vote tantôt du côté conservateur, tantôt avec la gauche. Antonin Scalia a soixante seize ans. S'il devait être remplacé par un *justice* nommé par Obama, une majorité de *justices* serait très à gauche. Anthony Kennedy lui-même a soixante-quinze ans, et son départ aggraverait encore la situation. Ruth Bader Ginsburg a soixante dix-neuf ans et veut se retirer. Obama, lors d'un deuxième mandat pourrait composer une Cour Suprême conforme à ses vues, et en place pour deux décennies, voire davantage[201].

Obama veut l'irréversibilité. Il sait qu'il pourra l'atteindre s'il est réélu.

Ce que tous ceux qui oeuvrent à mettre fin à la présidence Obama veulent éviter, c'est, précisément cette irréversibilité. Et ils savent eux-mêmes que si Obama est réélu, il pourra l'atteindre, effectivement.

C'est un combat crucial. C'est et ce sera la campagne la plus dure depuis longtemps. Tous les coups sont à attendre, de toutes les façons imaginables, jusqu'au dernier jour.

---

[201] Sur la Cour Suprême, cf. Rick Moran, « The Left's Frontal Assault on the Supreme Court », 5 avril 2012, frontpagemag.com ; Austin Hill, « Can Obama Conquer the Supreme Court », townhall.com, 8 avril 2012 ; Peter Ferrara, « Hugo Chavez Here ? Second Obama Term Would Mean No Independent Judiciary », spectator.org, 27 mai 2012.

Fait sans précédent, Barack Obama est parti en campagne électorale dix-huit mois avant l'élection, dès l'été 2011. Depuis, il parcourt le pays pour lever des fonds, mobiliser ses troupes. Depuis, chacun de ses discours, chacun de ses déplacements, chacune de ses décisions est calculé, formaté, calibré en fonction de l'élection. Plus rien d'autre ne compte pour lui et ceux qui lui font cohorte. Vraiment plus rien.

Barack Obama mobilise tous ceux qu'il peut mobiliser. Les syndicalistes et les « organisateurs de communauté », les militants d'extrême gauche et les anciens d'ACORN, les manifestants « pacifistes » des années de la présidence Bush et les démocrates de base, le Black Caucus et d'autres groupes se présentant comme défenseurs des « minorités ».

Il s'adresse aux pauvres qui attendent leur chèque en fin de mois, aux chômeurs persuadés qu'ils sont au chômage à cause des « riches » et des financiers, aux professeurs, instituteurs, animateurs culturels issus de la contre-culture et baignés de « politiquement correct ». Il s'adresse aux journalistes des grands médias imprégnés des idées torves transmises par les professeurs et à ceux qui écoutent les journalistes des grands médias.

Il s'adresse, bien sûr, en priorité, à ceux qui sont ses « cibles » prioritaires, ceux qui ont massivement voté pour lui en 2008.

Cela inclut les noirs, bien sûr. Ceux-ci, en 2008, ont voté Obama à 96%, parce qu'il est noir et a des racines africaines, sur des bases ethniques, au nom d'anciennes discriminations que savent invoquer les *race baiters*, ceux qui appâtent en utilisant l'argument racial.

Les noirs sont aujourd'hui un peu plus réticents : il n'y a jamais eu autant de chômeurs dans la population noire, ai-je dit, et jamais autant de pauvreté au sein de celle-ci.
Cela ne poussera pas les noirs à voter républicain : les *race baiters* veillent, et tiennent des propos méprisants sur les noirs conservateurs qu'ils appellent « oncle Tom », ou « oreo blacks », noirs à l'extérieur, blancs à l'intérieur. Comme l'a noté Shelby Steele, intellectuel noir conservateur, les *race baiters* sont les « gardiens de la plantation démocrate » et mettent tout en œuvre pour que les noirs restent asservis et aient toutes les raisons de remercier les démocrates[202].
Cela ne poussera pas les noirs à voter républicain, non.
Mais cela peut inciter un plus grand nombre de noirs à rester chez eux le jour de l'élection, et Obama ne veut pas que les noirs restent chez eux.

---

[202] Shelby Steele, *White Guilt : How Blacks and Whites Together Destroyed the Promise of the Civil Rights Era*, Harper Perennial, 2007. Voir aussi Deneen Borelli, *Blacklash : How Obama and the Left Are Driving Americans to the Government Plantation*, Threshold Editions, 2012 ; Walter Williams, « Leftist Race-baiters », townhall.com, 9 mai 2012.

Il les a donc appelés à se lever, comme une armée, et à « ne pas laisser passer » ceux qui veulent les « humilier ». Il compte, pour relayer le message, sur le Black Caucus, sur des hommes tels que Jesse Jackson, Al Sharpton, sur des universitaires radicalisés tels que Cornel West, quand bien même ce dernier a pu trouver qu'Obama n'allait pas assez vite, pas assez loin. Un meurtre présenté comme un « meurtre raciste » peut se trouver utilisé, ai-je noté : la mort de Trayvon Martin, un jeune noir au passé de violence et de petite délinquance, tué lors d'une rixe par un homme surveillant une propriété privée en Floride a été très largement utilisé le printemps dernier. L'homme qui a tiré sur Trayvon Martin est un métis latino, mais il a été présenté comme un métis « blanc ». Un « blanc » tuant un jeune noir dans une propriété privée : quelques agitateurs venant agiter, et le tour est joué. Obama a déclaré que Trayvon Martin aurait pu « être son fils ». Au même moment, des jeunes noirs ont été tués par d'autres jeunes noirs, des blancs et des métis ont été tués aussi, mais un noir tué par d'autres jeunes noirs, des blancs et des métis assassinés, cela n'intéresse pas Obama[203].

---

[203] Sur cette affaire, cf. Shelby Steele, « The Exploitation of Trayvon Martin. The absurdity of Jesse Jackson and Al Sharpton is that they want to make a movement out of an anomaly. Black teenagers today are afraid of other black teenagers, not whites », wsj.com, 6 avril 2012. Voir aussi Thomas Sowell, « Who Is 'Racist' ? », townhall.com, 24 avril 2012.

Les « cibles » prioritaires d'Obama incluent les latinos, tous les Américains de souche hispanique, venus d'Amérique latine ou d'Amérique centrale, du Mexique, de Porto Rico, de Cuba.

Les latinos ont eux-mêmes très largement voté Obama en 2008 : 67%. Et si on retire du nombre les latinos d'origine cubaine, qui votent républicain parce qu'ils sont anticastristes et pensent que le maintien au pouvoir de la famille Castro à Cuba doit beaucoup aux démocrates, le pourcentage est plus élevé encore.

Les latinos sont eux aussi plus réticents en 2012 : le chômage et la pauvreté les touchent durement eux aussi. Ils sont très catholiques et les positions de l'administration Obama sur l'avortement, y compris l'avortement tardif, ou sur le mariage homosexuel, les heurtent.

Un basculement d'une frange plus large d'électeurs latinos pourrait se faire en direction des Républicains.

Obama veut limiter ce basculement et le veut d'autant plus que les latinos représentent une part croissante de la population (seize pour cent aujourd'hui).

Il a parlé à l'automne 2011 devant les membres du National Council of La Raza, puis devant le Congressional Hispanic Caucus, et a promis une régularisation des millions d'immigrants illégaux qui ont franchi clandestinement le Rio Grande au cours des dernières années[204]. Il a rappelé dans des entretiens que les grandes villes tenues par des démocrates sont toutes des *sanctuary cities :* des villes où les autorités municipales interdisent tout contrôle susceptible de permettre de détecter si une personne vivant dans la ville est là légalement ou pas, même en cas d'arrestation pour un crime ou un délit. Il s'est dit ouvert au bilinguisme, anglais et espagnol.

Il a laissé entendre qu'avec un plein retour des Républicains au pouvoir, la chasse aux immigrés clandestins serait ouverte. S'identifiant au camp latino dans un front commun anti-Républicain et anti-conservateur, il a parlé de la nécessité de « punir nos ennemis [205] ».

Il laisse entendre que les relations des Etats-Unis avec l'Amérique latine sont « bonnes » grâce à lui, mais pourraient se détériorer si les « ennemis » gagnaient.

Les « cibles » prioritaires d'Obama incluent la population juive. Les Juifs américains votent massivement démocrate depuis des décennies. Ils ont voté en 2008 à hauteur de 79% en faveur d'Obama.

---

[204] Rob Bluey, « Amigos : Obama and La Raza Operate From Same Playbook », heritage.org, 25 juillet 2011.
[205] John McCormack, « Obama to Latinos : "Punish" Your "Enemies" in the Voting Booth », weeklystandard.com, 25 octobre 2010.

Obama veut mobiliser à nouveau les Juifs américains et les inciter à le soutenir à nouveau massivement. Il sait que ce ne sera pas aisé, car sa politique envers Israël est apparue à diverses associations juives comme porteuse d'hostilité. Il ne se présente pas moins comme un « ami » d'Israël. Il peut obtenir de dirigeants israéliens des paroles attestant de cette « amitié », et il les obtient. Il est le Président des Etats-Unis, ai-je dit. Et Israël est un pays de sept millions d'habitants entouré d'ennemis, et qui ne peut, en ces conditions, défier le Président des Etats-Unis.

Il peut compter sur des organisations fondées par des Juifs de la gauche extrême dont il vient, et qui se présentent comme « pro-israéliennes » : ainsi J Street, que préside aujourd'hui Jeremy Ben-Ami, un ancien dirigeant du très gauchiste New Israel Fund, et dont les positions concernant le Proche-Orient sont le décalque de celles de l'administration Obama[206].

Il comptera sur des actions de propagande menées par d'autres Juifs appartenant à la gauche extrême ou au gauchisme. Le directeur de la campagne Obama 2012 est le même que celui de la campagne Obama 2008, et c'est un Juif de la gauche extrême, David Axelrod, ce qui facilite les opérations. Un article a été commandé à John

[206] Lori Lowenthal Marcus, « J Street is selling snake oil », americanthinker.com, 6 octobre 2009 ; Steven Plaut, « Does the "J" in "J Street" Stand for "Jihad" ? », frontpagemag.com, 24 février 2011.

Heilemann, journaliste chargé de communication pendant la campagne Obama 2008, auteur d'un livre paru en 2009 appelé *Game Change*[207], et sous-titré « Comment Obama a gagné la Maison Blanche » a été spécialement rémunéré pour écrire un article titré « Obama, le premier Président juif ». L'article a fait la couverture du *New York Magazine* en septembre 2011[208]. D'autres articles dans la même lignée ont suivi. Un film d'une dizaine de minutes a été mis en circulation sur internet, fabriqué à partir d'images d'archives, montrant Obama à Jérusalem et à Sderot lors de son seul voyage en Israël, avant qu'il ne devienne Président, bien avant le discours du Caire et une multitude d'autres déclarations. À la fin du mois d'avril 2012, Obama a tenu un discours de soutien verbal et générique à Israël au musée de l'Holocauste à Washington, et il a demandé d'être présenté par Elie Wiesel, qui n'a pas refusé[209].

Cela suffira-t-il en des temps d'offensive islamique tout autour d'Israël et d'attitudes troubles d'Obama face à l'offensive islamique ? Sachant que ce n'est pas sûr, la campagne Obama 2012 utilise d'autres arguments. Des gens très bien intentionnés disséminent des rumeurs

---

[207] John Heilemann, Mark Halperin, *Game Change : Obama and the Clintons, McCain and Palin, and the Race of a Lifetime*, Harper, 2010.

[208] John Heilemann, « Obama, the First Jewish President », *New York Magazine*, 19 septembre 2011.

[209] Dave Boyer, « At Holocaust Museum, Wiesel challenges Obama over Israel policy », washingtontimes.com, 23 avril 2012.

selon lesquelles les Républicains, les conservateurs, les gens venus des *tea parties*, sont proches du mouvement évangélique, ce qui est exact. Les rumeurs ajoutent que les évangéliques veulent convertir les Juifs au christianisme, et désirent la destruction d'Israël dans une apocalypse ultime, ce qui est bien moins exact[210], mais peut influer et susciter les inquiétudes requises.

Des défections existeront, mais nombre de Juifs américains continueront à voter Obama en 2012. Parce qu'ils votent démocrate et voteront démocrate quel que soit le candidat.

Obama compte, bien évidemment sur tous les avantages du *crony capitalism*, sur l'argent versé par milliards entre janvier 2009 et novembre 2010, et qui n'a pas été perdu pour tout le monde. Il compte sur les « riches » qu'il a favorisés et rendus beaucoup plus riches, sur tous ceux qui ont compris depuis longtemps comment ils pouvaient tirer avantage de la situation et comment un Président très à gauche pouvait leur permettre de disposer d'avantages substantiels pourvu qu'ils discernent dans quel sens souffle le vent et sur quels comptes en banque effectuer quelques versements[211].

---

[210] Sur le sujet, cf. Barry Rubin, « What Jews should know about Christians », jpost.com, 9 novembre 2011.
[211] Cf. Michelle Malkin, *Culture of Corruption*.

Obama compte, surtout, c'est ce qui lui a permis d'en arriver là, sur quarante années de travail opiniâtre en tant qu'agitateur social de gauche extrême.

Il n'aurait pas pu être élu, il le sait parfaitement, sans ceux qui, bien avant les manifestations contre les guerres en Afghanistan et en Irak, ont combattu la guerre du Vietnam, et qui, dans les années 1960, ont pris le parti du Vietcong et de Hanoï contre leur propre pays, sans ceux qui ont fondé le premier Black Panther Party en 1966 à Oakland, Californie.

Il n'aurait pas pu devenir ce qu'il est devenu sans les Weathermen de Bill Ayers, Malcolm X, The Nation of Islam, la prise en main de secteurs entiers de la culture par ceux que Norman Podhoretz a appelé *the adversary class*, la classe adverse[212], un ensemble de gens bien décidés à ne pas s'arrêter à la culture, et à asseoir leur emprise sur toute la société. Pour décrire la démarche de l'*adversary class*, Roger Kimball a parlé d'une longue marche. Et cela a effectivement été une longue marche, la quête d'une hégémonie, au sens qu'Antonio Gramsci a donné à ce mot[213].

---

212 Norman Podhoretz, « The Adversary Culture and the New Class », dans B. Bruce-Briggs, *The New Class ?,* The Center for Policy Research, 1979.

213 Roger Kimball, *The Long March : How the Cultural Revolution of the 1960s Changed America,* Encounter Books, 2001.

Obama est venu de la crise fabriquée, ai-je dit, des méthodes de Saul Alinsky, Richard Cloward et Frances Fox Piven, mais il est venu du mouvement, plus ancien, qui a porté Saul Alinsky, Richard Cloward et Frances Fox Piven, qui leur a permis d'agir, et sans lequel aucun d'eux n'aurait trouvé un auditoire. Il est venu de ce à quoi ce mouvement a abouti.

La contre-culture, ai-je dit.

Plus personne aujourd'hui ne parle de contre-culture aux Etats-Unis : car la contre-culture est devenue une part essentielle de la culture. Et *cette culture-là est celle d'Obama* et de tout son entourage.

Le politiquement correct, ai-je ajouté.

Les idées et les propos d'Obama et de son entourage sont une quintessence du politiquement correct, une forme de noyau dur qui peut avancer parce qu'autour de lui, *il y a le politiquement correct, disséminé, nébulisé de tout côté*.

Les pauvres et les chômeurs sont traités comme des masses malléables et manipulables parce qu'ils baignent dans la culture issue de la contre-culture et parce qu'ils baignent aussi dans le politiquement correct. Les professeurs et les instituteurs, les animateurs culturels et les journalistes passés entre les mains des professeurs qui forment d'autres professeurs, d'autres journalistes, des instituteurs, des militants font fonctionner le bain et Obama l'utilise, à son aise.

Obama est un révolutionnaire professionnel au sens que Lénine donnait à l'expression. C'est simplement un révolutionnaire professionnel formé aux méthodes de Saul Alinsky, donc quasiment indétectable en tant que révolutionnaire professionnel, puisqu'intégré à l'atmosphère américaine telle qu'elle est devenue. *C'est un révolutionnaire conscient de la transformation de la culture américaine et de la prévalence quasiment absolue du politiquement correct*.

En tant que révolutionnaire professionnel, Obama va plus loin, bien plus loin que le politiquement correct, mais *le politiquement correct empêche assez largement que cela se voie ou que cela se dise*.

Obama va plus loin, bien plus loin que ce que la plupart de ceux qu'imprègne le politiquement correct ne l'imaginent, plus loin, bien plus loin que ce que la plupart de ceux qu'il cherche à rassembler et qu'il a effectivement rassemblés en 2008 ne le discernent.

Obama déçoit les révolutionnaires stupides, ceux qui voudraient tout, tout de suite et qui ne parviennent à rien, jamais. Il est intelligent, ai-je écrit, bien plus intelligent qu'eux. Il les utilise, quitte à s'en débarrasser après usage. Il sait où il va. Il sait ce qu'il veut.

Il dupe ceux qu'il cherche à rassembler, et il sait qu'il les dupe, mais il considère que la finalité qu'il veut atteindre est bien plus importante.

Il connaît le sens de l'expression léniniste, « idiots utiles », et il sait comment utiliser ceux qu'il considère comme des idiots utiles.

Il se laisse aller parfois à des élans d'arrogance : il sait qu'il peut se le permettre.

Il s'autorise des moments de cynisme : il sait que cela sera oublié.

Il peut tenir des discours différents selon les auditoires et selon les moments, voire se contredire : il sait qu'il est largement, très largement, immunisé contre la critique.

Il compte sur l'immunisation.

Il sait exactement ce qu'il veut. Son entourage le plus proche le sait aussi. Ceux qui sont un peu plus loin que son entourage proche et se voient assigner diverses tâches, remplissent leur tâche, et pour la plupart ne savent pas précisément la finalité. La « justice », disent-ils. Le « progrès ».

Nombre d'entre eux connaissent à peine le nom de Saul Alinsky. Aucun d'eux ne sait qui étaient Richard Cloward et Frances Fox Piven. Quasiment aucun d'entre eux n'a lu Franz Fanon.

Obama ne veut pas seulement l'irréversibilité. *Il veut ce qu'elle signifie, ce qu'elle implique.*

Ceux qui veulent absolument mettre fin à la présidence Obama veulent éviter l'irréversibilité parce que, pour la plupart, ils voient ce qu'elle implique.

Le candidat républicain à la présidence, Mitt Romney, ne cesse de décrire ce que l'irréversibilité impliquerait si elle devait advenir.

Obama n'est pas socialiste, ai-je écrit. Obama sait que les Etats-Unis ne peuvent devenir une société socialiste. Il sait que le mot « socialiste » ne peut être employé aux Etats-Unis, et que le socialisme ne peut s'y trouver présenté comme un objectif politique[214].

Mais il sait aussi que le *crony capitalism* constitue un substitut tout à fait acceptable, et peut se révéler une forme très efficace d'anti-capitalisme.

Le *crony capitalism* n'implique pas de suppression de la propriété privée, pas même d'appropriation collective des moyens de production : il permet néanmoins de multiples

---

[214] Sur ce point, cf. James Taranto, « 'Is Obama a Socialist ?' », wsj.com, 2 juillet 2010 ; Paul Roderick Gregory, « Is President Obama Truly A Socialist ? », forbes.com, 22 janvier 2012.

contrôles et restrictions sur la propriété privée, des interdictions bureaucratiques, des autorisations conditionnelles, un remodelage de tous les domaines et de tous les secteurs économiques et de tous les emplois, un façonnage de la vie quotidienne de chacun.
Les très riches et très proches du gouvernement deviennent plus riches parce qu'ils partagent les vues du gouvernement ou parce qu'ils se conforment strictement aux vues du gouvernement. Les autres sont plus pauvres, mais des *cronies* disposant de médias peuvent accuser les capitalistes (les « riches », dit Obama) de créer la pauvreté. La liberté d'entreprendre disparaît. La liberté de choisir et de décider aussi. La liberté de penser s'annihile[215].
La croissance devient faible ou nulle. Dépenses et déficits montent. L'endettement s'accroît parce qu'il place le pays sous la dépendance de ceux qui prêtent et peuvent dicter les grandes orientations. Les pays détenant la dette sont choisis par le gouvernement en fonction des orientations qu'ils pourront dicter[216].

Obama utilise le crony capitalism *comme un moyen de détruire le capitalisme depuis l'intérieur du capitalisme, et puisqu'il agit depuis l'intérieur du capitalisme et dispose des vecteurs du politiquement correct et de* cronies *disposant de médias, il peut incriminer le capitalisme pour*

---

[215] A. Barton Hinckle, « Obama's Crony Capitalism », reason.com, 9 septembre 2011.
[216] Cf. David Horowitz, Liz Blaine, *Breaking the System, Obama's Strategy for Change*.

la destruction provoquée et, depuis là, aller plus loin encore dans la destruction.

Il n'est pas seulement le premier homme de la gauche extrême et le premier anti-capitaliste à être arrivé à la tête des Etats-Unis. Il est un anti-capitaliste qui, en arrivant à la tête des Etats-Unis, a commencé à détruire le capitalisme américain de l'intérieur pour mieux l'abattre. Et il dispose des moyens essentiels du capitalisme pour arriver à ses fins.

Obama sait aussi que les effets de la destruction du capitalisme de l'intérieur qu'il a enclenchée rendent très difficile le maintien des dépenses militaires, justifient la baisse de celles-ci, acculent les Etats-Unis à un repli et un retrait de dimensions planétaires qui semblent d'autant plus inéluctable que les vecteurs du politiquement correct et les *cronies* disposant de medias expliquent en quoi ce repli et ce retrait sont justifiés, nécessaires, obligatoires.

Il utilise aussi le crony capitalism *comme un moyen de détruire la défense américaine et le statut de puissance mondiale des Etats-Unis, et comme un moyen aussi, puisqu'il dispose des vecteurs du politiquement correct et de* cronies *disposant de médias, de présenter cette destruction comme impérative et sans conséquences graves.*

Il n'est pas uniquement le premier anti-impérialiste à être arrivé à la tête de la première puissance du monde, il est le premier anti-impérialiste à même, grâce au politiquement correct, au crony capitalism *et au fait qu'il est Président,* Commander in Chief, *de détruire la défense américaine de l'intérieur. Et il dispose de sa position de chef de l'exécutif pour arriver à ses fins.*

Barack Obama ne veut pas l'apocalypse, le « grand soir », la « révolution » brusque et brutale. Il sait que rien de cela n'est envisageable dans un pays tel que les Etats-Unis. Saul Alinsky le savait bien avant lui : « Il importe de ne pas briser d'un seul coup les traits de l'existence quotidienne, mais de créer le désenchantement, la désillusion vis-à-vis des valeurs régnantes, et de produire, sinon une passion pour le changement, au moins un climat de résignation, de passivité, d'acceptation ».
Barack Obama ne veut pas un immédiat chaos planétaire. Il sait que le chaos ne vient pas aussi rapidement.

Il sait, pour autant, très précisément ce qu'il veut. Il sait qu'il peut parvenir à ce qu'il veut. Il sait qu'il n'est plus très éloigné de ce qu'il veut.

Il peut gagner.

Il utilise et utilisera tous les moyens. Ceux qui lui font face le savent. Le candidat républicain, Mitt Romney, le sait.

Il existe autour d'Obama aux Etats-Unis peu de révolutionnaires professionnels conscients, sachant ce qu'ils font. Les révolutionnaires professionnels américains dont Obama est devenu le chef de file et le dirigeant de fait sont quelques centaines, quelques milliers au plus, pas davantage.

Mais à l'échelle planétaire, les révolutionnaires professionnels sont plus nombreux, et présents sur les cinq continents.

Il existe des millions d'idiots utiles aux Etats-Unis. Et il en existe infiniment davantage sur la planète.

Obama peut compter sur les révolutionnaires professionnels hors d'Amérique.

Il peut compter aussi sur les idiots utiles de la planète entière.

Les révolutionnaires professionnels hors d'Amérique l'ont soutenu en 2008. Ils le soutiennent toujours.

Les idiots utiles de la planète entière l'ont soutenu eux-mêmes en 2008. Ils le soutiennent à nouveau.

Obama peut s'adresser aux idiots utiles des Etats-Unis et leur dire que grâce à la présidence Obama, les Etats-Unis ne sont plus détestés dans le monde et se trouvent même davantage « respectés », grâce à un Président appelé Barack Obama qui a « changé » les choses et les changera bien plus encore s'il en a le temps et les moyens. Et les idiots utiles américains le croient : d'autant plus que les vecteurs du politiquement correct et les *cronies* disposant de médias le répètent. D'autant plus que les idiots utiles du reste de la planète le croient eux aussi, ce que les vecteurs du politiquement correct et les *cronies* disposant de médias ne manquent pas de rappeler.

Barack Obama sait ce qu'il veut, et il va vers ce qu'il veut avec détermination.

Il ne le dira jamais explicitement. Il ne dit jamais *rien* explicitement. Ses messages sont calibrés, très calibrés, très écrits, souvent au mot près.

Un révolutionnaire fait la révolution et ne laisse pas transparaître ses intentions réelles, ai-je dit.

Barack Obama n'est jamais lui-même. Sauf en privé, peut-être. Il joue un rôle, et il en joue même plusieurs.

Il est celui qui clive, casse, brise, incite à la haine de classe, et il est celui qui, l'instant d'après, dit vouloir rassembler. Il est Franklin Roosevelt et Theodore Roosevelt quelques mois plus tard. Et il lui est arrivé de se dépeindre comme Abraham Lincoln, Ronald Reagan, George Washington ou Martin Luther King Jr. Il invente, s'il le juge utile. Il dépeint alors Thomas Jefferson en lecteur du Coran ou Harry Truman en pacifiste. Il cite le Coran de mémoire et, le lendemain, il est juif. Il est chrétien et pourrait se faire bouddhiste le temps d'une séance de photographies.

Il est Président depuis bientôt quatre ans, a disposé des pleins pouvoirs pendant deux ans, dispose encore de multiples pouvoirs, et il se présente néanmoins comme un opposant face aux forces terribles du « conservatisme ». Il a des *cronies* par centaines et se présente comme hostile aux forces de l'argent.

Il bloque le fonctionnement des institutions et affirme imperturbablement et sans ciller qu'elles se bloquent contre son gré.

Il ne se présente pas en se réclamant de son bilan, mais comme un opposant qui ne peut agir tant il reste entravé, et il dit au même instant qu'il lui faut achever ce qu'il a commencé pour que le « changement » soit un vrai changement et que « l'espoir » se concrétise véritablement.

Il fait l'éloge de l'armée tout en agissant pour la démanteler, comme il fait l'éloge du capitalisme tout en oeuvrant à le disloquer.

Barack Obama sait ce qu'il dit, tout comme il sait ce qu'il fait.

Lorsqu'il prononce un discours en commençant par décrire sur un ton patriotique l'esprit militaire et le sens du devoir qui en découle, c'est pour conclure un peu plus loin en disant que le Congrès tout entier, et, au delà, le peuple américain, devraient avoir le sens du devoir qui découle de l'esprit militaire et pour laisser entendre que quiconque n'obéit pas au chef et ne marche pas dans la bonne direction se conduit quasiment comme un traître[217].

Quand il utilise la haine des « riches » conservateurs, ou quand il laisse quelques-uns de ses alliés parler de « racisme » pour fustiger ceux qui le critiquent, il n'ignore pas une seconde qu'il a fait et continue à faire la fortune de nombreux « riches », que les conservateurs sont souvent moins « riches » que les milliardaires qui sont dans le camp Obama, que les Etats-Unis sont un pays aujourd'hui si peu raciste que le peuple américain a élu un Président noir appelé Barack Obama, et que vingt années déjà avant l'élection de ce Président noir, un autre noir était chef de toutes les armées américaines et s'appelait Colin Powell. Il n'ignore pas que la Secretary of State qui a succédé en ce poste à Colin Powell sous George W. Bush était Condoleeza Rice, que le juge le plus éminent et le plus respecté de la Cour Suprême a pour nom Clarence Thomas, ou que parmi les orateurs les plus applaudis dans les *tea parties*, il y a eu Herman Cain, le colonel Allen West, Tim Scott, représentant de Caroline du Sud.

Quand il énonce son « respect profond des institutions », il n'ignore pas qu'il n'a cessé de violer celles-ci, de la

[217] Victor Davis Hanson, « Obama's Demagoguery », nationalreview.com, 27 mars 2012.

nomination de quarante tsars à l'utilisation des agences gouvernementales et des *executive orders* pour faire passer des décisions qu'il devrait soumettre au Congrès et qu'il prend sur ce mode parce qu'il sait que le Congrès les refuserait, de la nomination, strictement anticonstitutionnelle, de personnes que le Congrès ne veut pas nommer en utilisant la procédure des *recess appointments* (nominations en période de vacance du Congrès) dans des moments où le Congrès n'est pas en vacances[218] aux multiples plaintes déposées, en violation du dixième amendement à la Constitution, par l'Attorney General contre des Etats parce qu'il veulent faire demander une pièce d'identité à l'entrée d'un bureau de vote aux fins d'éviter les fraudes (qui ont été nombreuses en 2008) ou parce qu'ils veulent pouvoir contrôler les identités de gens soupçonnés d'être entrés dans le pays illégalement[219].

On peut se demander aussi quels objectifs étaient poursuivis dans une opération telle celle nommée « Fast and Furious », par laquelle des agents du Ministère de la Justice (Bureau of Alcohol, Tobacco, Firearms and

---

[218] Edwin Meese III, John Gaziano, « Obama's recess appointments are unconstitutional ».

[219] Ken Blackwell, « Holder's 'All-Out War' on Voter IDs Is Obama Re-election Tool », newsmax.com, 7 juin 2012 ; Abraham H. Miller, « Eric Holder, Voter ID, and the Chicago Way », pjmedia.com, 16 janvier 2012 ; Greg Pollowitz, « Eric Holder Has Yet to Read the Arizona Immigration Law », nationalreview.com, 13 mai 2010.

Explosives, ATF) ont, sur ordre écrit du Ministre, vendu des armes dans des Etats frontaliers du Mexique à des trafiquants de drogue aux fins d'utiliser les armes munies de capteurs pour suivre leur parcours, avec un seul problème : les armes n'avaient pas été munies de capteurs, elles ont disparu et ont servi à tuer des centaines de gens en territoire mexicain et quelques agents des border patrols, patrouilles de frontière américaine. Au mieux, c'est un immense fiasco puisque des agents fédéraux ont reçu l'ordre de fournir des centaines d'armes à des criminels internationaux qui s'en sont servi et ont tué avec elles d'autres agents fédéraux. Une enquête a été menée sur demande de la Chambre des représentants républicaine en septembre 2011. Elle n'a rien donné. Le Ministère de la justice n'a pas incriminé le Ministère de la justice. Le Ministre n'a pas incriminé le Ministre[220].

Peut-on se demander ce que cherchait Obama en s'en prenant à la Cour Suprême à plusieurs reprises : en soulignant que ses membres ne sont pas élus au suffrage universel et ne devraient pas pouvoir remettre en cause des décisions de gens « élus par le peuple » ? Veut-il déchirer la Constitution et la jeter au panier, ont demandé divers commentateurs.

---

[220] Cf. Katie Pavlich, *Fast and Furious : Barack Obama's Bloodiest Scandal and the Shameless Cover-Up*. Voir aussi : Christian Adams, « Fast and Furious : Bumbling Concealment at DOJ », pjmedia.com, 24 mai 2012 ; Ammon Simon, « Too Fast and Too Furious ? », nationalreview.com, 6 mai 2012.

Peut-on se demander ce que cherche Obama en prenant pour intermédiaire de négociation avec les talibans Youssef al Qaradawi, l'un des principaux dignitaires de l'islam radical ?

Barack Obama veut une fin, et il entend parvenir à cette fin. Fut-ce en violant les institutions, en recourant à des pratiques frauduleuses, en traitant la Constitution comme un chiffon de papier.
Il veut une fin et il pense que celle-ci justifie tous les moyens, y compris les plus malhonnêtes, y compris, parfois, des moyens criminels. Saul Alinsky : « La fin est ce que vous voulez obtenir, les moyens sont la façon d'y parvenir ». Encore : « Le jugement de l'histoire est une question de victoire ou de défaite. Un traître victorieux devient un héros[221] ».

Ceux qui veulent la défaite d'Obama savent ce que veut Obama et qu'il est prêt à user de strictement tous les moyens, tout comme ils savent quelle fin il poursuit. Le candidat républicain, Mitt Romney, sait ce que veut Obama et que celui-ci est prêt à utiliser tous les moyens.

Ceux qui veulent la défaite d'Obama savent qu'Obama est très près du but, et qu'il peut fort bien atteindre le but. Le candidat républicain, Mitt Romney, sait qu'Obama est très près du but.

---

[221] Saul Alinsky, *op.cit.*

Ceux qui veulent la défaite d'Obama savent l'enjeu. Mitt Romney sait l'enjeu lui aussi.

Même si les Républicains gardaient la majorité à la Chambre des représentants, et même s'ils obtenaient la majorité au Sénat, la façon dont Obama s'est organisé, de tsars en agences gouvernementales, de réseaux en cronies, fait que s'il est réélu, il pourrait quand même avancer encore, bloquer encore, user de dispositifs, de pièges, de chausse-trappes, de guet-apens.
Ceux qui veulent la défaite d'Obama savent que le pays ne peut pas se permettre le moindre gaspillage de temps, d'argent, d'êtres humains supplémentaires. Mitt Romney le sait aussi.

Ceux qui veulent la défaite d'Obama, et Mitt Romney lui-même, savent que rebâtir, dans les conditions actuelles, sera déjà extrêmement difficile, et qu'un peu plus tard, cela pourrait devenir quasiment impossible.

Ils savent que les dangers montent sur la planète, qu'y répondre dans les conditions actuelles serait plus difficile encore, et qu'un peu plus tard, ce serait plus proche de l'impossibilité encore.

Ils savent que la seule victoire qui compte, la seule qui permette de reléguer les années Obama dans le révolu est celle qui mène à la Maison Blanche.

Les *tea parties* ont émergé. Dès le début de l'année 2009, dès la « loi de stimulation ». Elles ont incarné un réveil du mouvement conservateur. Elles ont rassemblé des multitudes. Des millions de femmes et d'hommes.

Une victoire a été remportée en novembre 2010. Elle n'a pas été suffisante. Nul ne pouvait douter qu'elle ne suffirait pas.

Le mouvement continue.

Des élections primaires ont eu lieu.

Le mouvement conservateur ne voulait pas se voir confisquer l'élan qu'il a porté, ai-je écrit.

Il ne voulait pas d'un RINO, *Republican In Name Only*. L'un de ces Républicains de l'appareil et de l'élite détachés du peuple et persuadé que des concessions au « politiquement correct » sont la meilleure façon de parvenir à un consensus acceptable par tous, démocrates et grands médias compris.

Il ne voulait pas d'un candidat trop faible susceptible de laisser gagner Barack Obama.

Mitt Romney, a dû batailler très ferme pour s'imposer.

Il n'est pas celui qu'auraient voulu initialement les gens issus des *tea parties*. Et il n'est pas celui qu'aurait voulu initialement le mouvement conservateur.

Il a été celui qui reste debout au terme de la bataille. Il est celui qui a été jugé le plus éligible, le plus à même de gagner.

S'il gagne, il sera sous surveillance. Les gens issus des *tea parties*, le mouvement conservateur attendront de lui qu'il montre qu'ils avaient tort d'être sceptiques.

S'il gagne, il lui sera demandé très explicitement de faire le nécessaire et de ne pas décevoir. La tâche sera immense, demandera du courage, de l'opiniâtreté, de la constance.

Rétablir la liberté d'entreprendre et le dynamisme impliquera de déréglementer, de baisser les impôts, de diminuer les dépenses publiques, de remettre le droit à sa place, de trancher les multiples liens vénéneux du *cronyism*, d'équilibrer le budget, d'abolir la loi sur la santé dite Obamacare et la loi Dodd Frank sur les banques et la finance, de créer les conditions d'un assainissement du marché immobilier en laissant les prix du marché se fixer à nouveau par la vente des propriétés possédées par les banques et par la suppression de tous les mécanismes et institutions qui ont conduit aux prêts *subprime*. Cela impliquera de permettre à nouveau l'utilisation de toutes les ressources énergétiques disponibles sur le sol des

Etats-Unis et du Canada (construction de l'oléoduc XL Keystone), ainsi que celles du golfe du Mexique. Et tout cela devrait être fait dans un contexte d'hostilité, de manifestations sans doute, de violences peut-être, car les factions des syndicats, des « organisateurs de communauté » et de l'extrême gauche ne désarmeront pas, au contraire.

Rétablir la place des Etats-Unis sur la planète supposera de financer à nouveau la défense, de remettre en marche des programmes d'armement coûteux mais indispensables, de remettre en marche la NASA elle aussi, car des satellites fonctionnels et des missions spatiales sont décisifs en une ère de militarisation de l'espace. Cela supposera de renouer les liens qui se sont dénoués et qui peuvent effectivement être renoués, tout en s'efforçant de limiter les dégâts découlant de liens sans doute à jamais dénoués ou de liens rompus. Il faudrait tout à la fois rétablir un endiguement de la Chine en Asie, et de l'Iran au Proche-Orient, restaurer la confiance avec Israël et l'Arabie Saoudite, poser des conditions précises au maintien d'une aide à l'Egypte et d'une alliance avec la Turquie, s'appuyer à nouveau en Amérique latine sur des pays tels que la Colombie ou le Chili. Et tout cela devrait s'effectuer dans un contexte où les risques d'une conflagration majeure et d'une prolifération nucléaire dans le monde musulman seraient très présents. Tout cela devrait s'effectuer aussi alors que l'Union Européenne resterait chancelante, au bord du gouffre, prête à tomber et à entraîner avec elle l'économie planétaire vers une longue phase de dépression et de turbulences.

La tâche peut-elle être remplie ? Dans le court terme, certainement pas. Dans le moyen terme, peut-être.

Ne pas la remplir ou la remplir imparfaitement créerait des déceptions, de la colère sans doute chez les gens issus des *tea parties* et chez les conservateurs.

Ne pas la remplir ou la remplir imparfaitement, ouvrirait la porte à un retour en force du mouvement révolutionnaire qui a porté Obama, et qui ne s'avouera pas vaincu, même en cas de défaite d'Obama. Syndicalistes et organisateurs de communauté, extrême gauche et tenants du politiquement correct ne disparaîtront pas de l'horizon. Les avantages dont sont dotés les *cronies* ne seront pas effacés en quelques jours, et les *cronies* ne reculeront pas sans résister. Ils pourront même tenter d'inciter à un statu quo.

Mitt Romney est-il homme, s'il est élu Président, à résister aux incitations au statu quo ?

Certains parmi les gens issus des *tea parties* et au sein du mouvement conservateur ont des doutes, ai-je dit.

Si leurs doutes devaient se confirmer, le retour en force du mouvement révolutionnaire qui a porté Obama pourrait se faire très puissant, effectivement.

Le conservatisme pourrait se trouver discrédité, renvoyé vers la pénombre.

Si leurs doutes devaient se confirmer, les déceptions et la colère des gens issus des *tea parties* et des conservateurs pourraient mener à une autre révolte, bien sûr...

Si Mitt Romney perd, et si Barack Obama est réélu, le pire deviendra très envisageable. Et la réélection de Barack Obama est elle-même très envisageable.

Mitt Romney, cela doit être dit, a des points forts : un passé d'entrepreneur en un temps où les Etats-Unis sont économiquement en situation périlleuse et détériorée est un atout, un passé de gouverneur républicain dans un Etat réputé de gauche, le Massachusetts, est un autre atout à même, disent divers analystes, de faire basculer des hésitants. Mais Mitt Romney a aussi des faiblesses sur lesquelles le camp Obama ne manquera pas d'insister, directement ou indirectement. Mitt Romney a fait fortune dans la restructuration d'entreprises et la finance, et la finance est, depuis 2008, un secteur particulièrement diabolisé par le politiquement correct. Occupy Wall Street était très précisément dirigé contre la finance et, vraisemblablement, contre une candidature Romney. Mitt Romney est mormon, et la religion mormone peut aisément être présenté comme une religion étrange, ayant prôné la polygamie, et ayant exclu les noirs jusqu'à la fin des années 1950. Par sa fortune, Mitt Romney fait partie des un pour cent les plus riches, et il est le candidat le plus riche à s'être jamais présenté à une élection présidentielle aux Etats-Unis. Avoir été gouverneur du Massachusetts, et avoir gouverné le Massachusetts de façon prudente mène nombre de conservateurs à se demander jusqu'à ce jour si Mitt Romney ne sera pas un Président trop prudent, trop timoré. Mitt Romney a fait voter au Massachusetts une loi de réforme du système de santé de l'Etat qui a, semble-t-il, servi de modèle pour la réforme fédérale de la santé menée par Obama. Il a changé, parfois, de position, sur des sujets importants pour les conservateurs, tels l'avortement[222].

Si Mitt Romney perd, et si Barack Obama est réélu, la destruction du capitalisme américain se poursuivra, la destruction de la défense américaine aussi.

La banqueroute s'approchera. Le monde post-américain aussi.

On entrera dans une ère d'après l'Amérique au cours de laquelle redresser le pays deviendra très difficile, quasiment impossible, ai-je écrit. Une ère au cours de laquelle rétablir l'ordre du monde deviendra plus impossible encore.

---

[222] Sur Mitt Romney, voir Michael Kranish, Scott Helman, *The Real Romney*, Harper, 2012 ; Ronald B. Scott, *Mitt Romney : An Inside Look at the Man and His Politics*, Lyons Press, 2011.

L'irréversibilité sera là, et se confronter à elle aux fins d'en changer le cours deviendra un rêve très héroïque.

Une Amérique après l'Amérique, et un monde après l'Amérique prendront effectivement forme.

La croissance s'éteindra ou ne reprendra que de façon asthénique. Les couches sociales enlisées dans la pauvreté seront plus pauvres encore. Les classes moyennes se paupériseront davantage. Les très « riches » qui auront des relations bien placées resteront riches. Les autres devront s'adapter au message de l'administration Obama II. Les circuits de redistribution créeront une majorité permanente de gens dépendant du gouvernement. L'étoile américaine pâlira sur la planète.

Les Etats-Unis ne disparaîtront pas. Le crépuscule n'est pas tout à fait la nuit, et il peut durer des années encore avant que la nuit s'installe. Mais la nuit s'approchera.

Cela pourra ressembler à un déclin à l'européenne, mais ce sera beaucoup plus grave qu'un déclin à l'européenne. L'agonie de l'Europe a pu être relativement paisible, comme l'explique Mark Steyn, parce que les Etats-Unis veillaient. L'agonie des Etats-Unis serait beaucoup moins paisible.

La détestation des Etats-Unis répandue dans tant de contrées du monde, et due au fait que les Etats-Unis ont été les gardiens de l'ordre planétaire depuis la Deuxième

Guerre Mondiale, ne s'effacera pas. Les potentialités de violence en mille points de la terre, et au sein des Etats-Unis eux-mêmes, deviendront plus intenses.

Les dissensions intérieures aux Etats-Unis pourront croître. Detroit est une ville dont des quartiers entiers sont abandonnés aux bandes. Il en va de même dans d'autres grandes villes dès aujourd'hui. Une détérioration très nette a pris forme depuis 2008. Elle se poursuivra si rien ne l'arrête.

Des Etats et des régions sont en faillite dès aujourd'hui. Une détérioration très nette a pris forme depuis 2008 sur ce plan aussi. Elle se poursuivra elle-même si rien ne l'arrête.

Un monde après l'Amérique émergera, et ce sera un monde fracturé, parcouru de forces hostiles, comme l'a écrit Mark Steyn[223]. Un monde féroce, fébrile, chaotique.

Les contrées musulmanes resteront les proies de l'islam radical. Une prolifération nucléaire aura lieu. La Chine pourra être tentée par la fuite en avant. La Russie aussi. L'Europe, qui a déjà commencé à se fracturer, se fracturera davantage.

Le déclin américain, le cas échéant, ne sera pas un déclin à l'européenne, non. Ce sera un déclin porteur de bien davantage de douleurs et de turbulences.

---

[223] Mark Steyn, *After America*.

Et les Européens qui se réjouiraient de cette perspective risquent fort de voir leurs réjouissances écourtées.

L'Europe a été protégée du pire par l'ordre planétaire américain jusqu'à ce jour : que sera, le cas échéant, une Europe sans cette protection ? Que sera une Europe confrontée à ce qui se joue dans les contrées musulmanes, en Russie, en Chine, mais aussi en Afrique subsaharienne ? Aucun pays européen n'a les moyens de sa défense, et l'Europe est une zone où le déclin démographique accompagne le déclin économique et politique.

Face à l'Amérique après l'Amérique et au monde après l'Amérique, face à l'orage immense et multiple, ceux qui, aux Etats-Unis, se sont mis debout dans les *tea parties*, les membres du mouvement conservateur voudront se battre, sans aucun doute. Ils ne sont pas gens à baisser les bras. Mais que pourront-ils ?

L'irréversibilité sera là. Se confronter à elle aux fins d'en changer le cours sera un rêve très héroïque. Sera-ce un rêve vain ? Peut-être. Mais je ne veux le penser. Ce serait mal connaître les Etats-Unis.

Le conservatisme américain, si on l'observe de plus près, a une longue histoire[224].

---

[224] Sur le conservatisme américain, voir Alfred S. Regnery, *Upstream : The Ascendance of American Conservatism,*

C'est un conservatisme qui n'a rien à voir, ou très peu, avec le conservatisme européen.
C'est un conservatisme imprégné des idées des pères fondateurs, Thomas Jefferson, Benjamin Franklin, Alexander Hamilton, George Washington. C'est un conservatisme fidèle à la Constitution et à la Déclaration des droits, imprégné des idées de liberté économique, politique, juridique, de liberté de parole et de liberté d'entreprendre. C'est un conservatisme qui conjugue *liberty* et *freedom*, les deux mots qui servent à dire la liberté en anglais. C'est un conservatisme qui conserve l'idéal américain et qui sait que les Etats-Unis vivent par cet idéal et mourraient sans lui.

« Un idéal devenu réalité », écrit Mark Steyn, et transmis « de génération en génération ».

« Des gens sont à l'œuvre aujourd'hui pour détruire l'idéal », ajoute-t-il.

Si ces gens restent au pouvoir demain, l'idéal sera très menacé, l'Amérique sera très menacée. Mais, je veux le

---

Threshold Editions, 2008 ; George H. Nash, *Reappraising the Right : The Past & Future of American Conservatism*, Intercollegiate Studies Institute, 2009 ; George H. Nash, *The Conservative Intellectual Movement in America Since 1945*, Intercollegiate Studies Institute, 2006. Voir aussi Russel Kirk, *The Conservative Mind : From Burke to Eliot*, Regnery Publishing, 2001.

penser, il existera toujours d'autres gens pour défendre l'idéal.

Jamais je n'ai vu autant de traces de destruction aux Etats-Unis, ai-je écrit.

Jamais je n'ai vu sur autant de visages les traces de la désillusion et de l'anxiété.

Jamais je n'ai vu aussi ce que j'ai vu dans les *tea parties*. Une détermination paisible et au même instant inébranlable.

Des millions de femmes et d'hommes.

La révolte présentement n'a plus l'intensité qui fut la sienne jusqu'à l'automne 2010, mais elle n'est pas retombée, non.

Elle a pris une autre forme, et s'est tournée vers la volonté de l'emporter en novembre 2012, de vaincre Obama, de porter le candidat républicain, Mitt Romney, à la Maison Blanche, et d'obtenir une majorité républicaine dans les deux chambres du Congrès.

Elle s'est tournée vers la volonté vigilante et déterminée de voir Mitt Romney s'il est élu, respecter les idées énoncées dans les *tea parties* et le mouvement conservateur, et faire ce qui doit l'être.

L'élection de novembre 2012 présente un choix net, clair, précis.

D'un côté, Obama et les siens. Le *crony capitalism*. Les déficits, la dette et le déclin. L'asservissement d'un nombre croissant d'êtres humains au gouvernement. L'Amérique après l'Amérique et le monde après l'Amérique. « Un monde féroce, fébrile, chaotique ».

De l'autre, le camp républicain, les gens issus des *tea parties*, les conservateurs. Le retour possible au capitalisme et à l'idéal. La perspective envisageable d'un redressement. Le retour probable à l'Amérique, et la tentative de préserver ce qui peut l'être de l'ordre du monde.

D'un côté, une coalition hétéroclite faite de membres des minorités vivant d'assistances et d'aides, de pauvres enfermés dans une culture de la pauvreté, de *cronies* milliardaires, de professeurs et d'instituteurs, d'animateurs culturels et de journalistes, avec, par surcroît, les bobos persuadés d'être du côté du « progrès », les agitateurs, les syndicalistes, les membres de l'extrême gauche.

De l'autre, une coalition elle-même très diverse, les gens issus des *tea parties*, les membres du mouvement conservateur, toutes races et toutes religions représentées. Des petits entrepreneurs, des commerçants, des gens qui s'identifient à la classe moyenne, qu'ils soient un peu plus riches ou un peu plus pauvres. Peu de milliardaires, peu de professeurs, car les conservateurs ne sont plus les bienvenus à l'université, peu de journalistes, en tout cas, peu de journalistes des *mainstream media*.

Du premier côté, des gens peu cultivés, et qui ne savent rien ou presque de l'idéal américain, et des gens très cultivés, diplômés des plus grandes universités, se considérant eux-mêmes comme l'élite, mais constituant l'*adversary class*.

Du deuxième côté, des gens peu cultivés parfois aussi, mais qui savent ce qu'est l'idéal américain, peu de gens diplômés des grandes universités, mais quelques-uns néanmoins, qui sont les esprits les plus brillants de ce temps, ainsi Thomas Sowell ou Mark Steyn, des femmes et des hommes qui lisent, outre Sowell et Steyn, Thomas Jefferson, Ben Franklin.

Du premier côté des gens qui sont abonnés au *New York Times* ou au *Washington Post* ou qui ne lisent aucun journal, des gens qui regardent ABC, CBS, CNBC, parfois CNN, de l'autre, des lecteurs de la *National Review*, du *Weekly Standard*, du *New York Post*, du *Washington Times*, et qui regardent plutôt Fox News.

Deux pays. Deux ensembles d'aspirations. Une division ancienne qui n'a cessé de se creuser, déjà très présente au temps de George Walker Bush, et qui n'a cessé de se creuser depuis[225].

Obama a exacerbé la division. Il a incité davantage encore la première Amérique à détester et à mépriser la deuxième.

La deuxième Amérique, elle, ne comprend plus la première et la voit graduellement comme un agrégat délétère qui conduit le pays vers sa perte, et qu'elle voudrait voir s'éloigner des sphères du pouvoir. Elle pense que l'Amérique d'Obama veut détruire l'Amérique, et elle n'a pas tort.

L'Amérique, si Obama était réélu, et si elle était plus longtemps aux mains de l'Amérique d'Obama, s'appellerait toujours l'Amérique, ni le pays ni les villes ne changeraient de nom, mais ce ne serait plus tout à fait le même pays. A terme, ce ne serait plus le même pays du tout. Et ce ne serait plus, non plus, le même monde.

L'Amérique debout contre Obama veut, de toutes ses forces, que l'Amérique reste le même pays. Comme le dit l'hymne national : *the land of the free*, la terre des hommes libres, *the home of the brave*, la patrie des

---

[225] Sur ce sujet, cf. Gertrude Himmelfarb, *One Nation, Two Cultures : A Searching Examination of American Society in the Aftermath of Our Cultural Revolution*, Vintage 2001. Voir aussi Charles Murray, *Coming Apart : The State of White America, 1960-2010*, Crown Forum, 2012.

hommes braves. Elle veut que le monde reste le même monde.

« L'élection la plus importante de notre vie », disait Bill Kristol.

J'ai appelé ce livre *Le désastre Obama*, car, bien que le désastre soit là, nombre de gens en Europe n'en discernent pas la réalité et n'en mesurent pas l'ampleur. J'entendais en dire la réalité et en montrer l'ampleur.

Les *true believers* ne me liront pas et ne m'écouteront pas, je sais.

Je n'ai pas appelé ce livre *La chute de la maison Obama* parce que, disais-je, la chute n'est pas encore tout à fait venue. J'ajoutais qu'elle était déjà enclenchée, néanmoins, même si elle n'était pas encore flagrante lorsqu'on la regardait de ce côté-ci de l'Atlantique. Elle n'est pas encore flagrante non plus, sans doute, si on la regarde depuis l'Amérique d'Obama.

La chute en elle-même n'est pas encore venue parce qu'Obama lui-même n'a pas chuté : il est toujours au pouvoir et peut toujours fort bien se trouver réélu.

La chute est enclenchée néanmoins, parce qu'Obama n'incarne plus aucun « espoir », même pour ceux qui voteront pour lui et qui le feront essentiellement par haine de l'ennemi républicain, conservateur, *tea party*.

Elle est enclenchée parce qu'Obama n'incarne plus que la peur, le ressentiment, la haine de classe, l'envie, une propagande qui ne dit pas son nom.

Elle est enclenchée parce qu'Obama n'inspire plus la confiance, tout comme il n'incarne plus l'espoir.

Elle est enclenchée, surtout, parce que l'Amérique a déjà subi des destructions profondes et en subira encore beaucoup plus si Obama est réélu. Elle est enclenchée parce qu'un désordre du monde est lui-même enclenché.

Et si cela fera d'Obama, dans les livres d'histoire ressentimentaux l'homme qui a voulu briser l'Amérique, cela fera de lui dans les livres d'histoire lus et écrits par les hommes libres, l'homme qui en s'efforçant d'aller vers une Amérique après l'Amérique et vers un monde après l'Amérique a trahi l'idéal américain et ce que cet idéal incarne aux yeux des millions d'hommes sur la terre pour qui les mots *liberty* and *freedom* veulent dire quelque chose.

La chute est enclenchée, enfin, je le pense, parce que quand bien même l'irréversibilité serait là, il existera, j'en suis sûr, toujours des hommes pour défendre l'idéal et pour l'incarner.

« Il faudra seulement bien plus de temps », me disait l'un d'eux, à Orlando. « La destruction est stérile et laisse des décombres, seule la liberté est féconde ».

La chute est enclenchée, dirai-je parce que si Obama est battu et si la reconstruction commence, les années Obama ressembleront assez vite à un cauchemar qui s'efface, à un moment d'égarement et de tourmente qu'il était aisé de voir venir et qui est effectivement venu, à la façon d'un violent orage, d'une défaillance suscitée, d'un hold up préparé de longue date.

Elle est enclenchée, parce que si Obama devait gagner, et si l'irréversibilité venait, ce ne serait pas vraiment l'irréversibilité, non.

Parce que c'est l'Amérique, il resterait des rêves très héroïques.

« Sans l'idéal, les Etats-Unis ne sont rien », écrit Mark Steyn.

Sans l'idéal, les Etats-Unis ne pourraient plus exister.

S'ils cessaient d'exister, ce qui me semble inconcevable, une longue phase douloureuse viendrait pour les Etats-Unis, pour le monde où aucun autre ordre porteur de liberté et de fécondité ne semble pouvoir venir poindre à l'horizon. Et puis, il y aura une aurore.

Une phrase de Carl Sandburg me vient à l'esprit. Je la citerai, pour finir : « Je vois en l'Amérique non pas le soleil couchant d'un crépuscule de désespoir. Je vois en elle la lumière pourpre du soleil levant et de la grâce créatrice.... Je vois pour elle des grands jours à venir, l'infinité des possibles pour des femmes et des hommes volontaires et visionnaires [226] ».

Carl Sandburg a écrit cette phrase avant la Seconde Guerre Mondiale, quand les ombres de l'abominable commençaient à rôder, et quand les Etats-Unis étaient encore courbés sous la douleur de la Grande dépression.

Les circonstances d'aujourd'hui ne sont pas les mêmes, mais il existe des ressemblances. Des lueurs de crépuscule. Du désespoir qui peut se dissiper ou qui peut s'intensifier encore. Mais aussi la lumière pourpre. Le soleil levant. Demain, ou plus tard. Des femmes et des hommes volontaires. Visionnaires.

L'avenir de l'Amérique existera. Il sera tracé, j'en suis sûr, bien au delà des vicissitudes présentes, par des gens qui parleront et penseront comme Carl Sandburg.

---

[226] Carl Sandburg, *The Complete Poems of Carl Sandburg*, Houghton Mifflin Harcourt, 2003.

REFERENCES BIBLIOGRAPHIQUES

J. Christian Adams, *Injustice : Exposing the Racial Agenda of the Obama Justice Department*, Regnery Publishing, 2011.

Saul Alinsky, *Rules for Radicals*, rééd. Vintage, 1989.

Deneen Borelli, *Blacklash : How Obama and the Left Are Driving Americans to the Government Plantation*, Threshold Editions, 2012.

Andrew Breitbart, *Righteous Indignation*, Grand Central Publishing, 2011.

Jack Cashill, *Deconstructing Obama : The Life, Loves, and Letters of America's First Postmodern President*, Threshold Editions, 2011.

Jerome R. Corsi, *Saul Alinsky :The Evil Genius Behind Obama*, Paperless Publishing, 2012.

Dinesh D'Souza, *The Roots of Obama's Rage*, Regnery Publisghing , 2010.

_______, *Obama's America : Why We Can't Afford Four More Years Under Barack Obama*, Regnery Publishing, 2012

Pamela Duncan Edwards et Henry Cole, *Boston Tea Party*, Putnam, 2011.

Peter Ferrara, *America's Ticking Bankruptcy Bomb : How the Looming Debt Crisis Threatens the American Dream- and How We Can Turn the Tide Before It's Too Late*, Broadside Books, 2011.

Mondo Frazier, *The Secret Life of Barack Hussein Obama*, Threshold Editions, 2011.

David Freddoso, *Gangster Government : Barack Obama and the New Washington Thugocracy*, Regnery Publishing, 2011.

Eduardo Galeano, *Les veines ouvertes de l'Amérique latine*, rééd. Pocket, 2006.

Daveed Gartenstein-Ross, B*in Laden's Legacy : Why We're Still Losing the War on Terror*, Wiley, 2011.

John Hellemann, Mark Halperin, *Game Change : Obama and the Clintons, McCain and Palin, and the Race of a Lifetime*, Harper, 2010.

Gertrude Himmelfarb, *One Nation, Two Cultures : A Searching Examination of American Society in the Aftermath of Our Cultural Revolution*, Vintage 2001.

David Horowitz, Jacob Laskin, *The New Leviathan : How the Left-Wing Money-Machine Shapes American Politics and Threatens America's Future*, Crown forum, 2012.

_________, *Obama and the War Against the Jews*, David Horowitz Fredom Center, 2011.

David Horowitz, John Perazzo, *From Shadow Party to Shadow Government : George Soros and the Effort to Radically Change America*, David Horowitz Fredom Center, 2011.

Laura Ingraham, *The Obama Diaries*, Threshold Editions, 2011.

Russel Kirk, *The Conservative Mind : From Burke to Eliot*, Regnery Publishing, 2001.

Aaron Klein, Brenda J. Elliott, *Red Army : The Radical Network That Must Be Defeated to Save America*, Broadside Books, 2011.

Joseph Klein, *Lethal Engagement, Barack Hussein Obama, the United Nations and Radical Islam*, Tate Publishing, 2010

Michael Kranish, Scott Helman, *The Real Romney*, Harper, 2012.

Stanley Kurtz, *Radical-in-Chief : Barack Obama and the Untold Story of American Socialism*, Threshold Editions, 2010.

Mark R. Levin, *Ameritopia : The Unmaking of America*, Threshold Editions, 2012.

David Limbaugh, *Crimes Against Liberty : An Indictment of President Barack Obama*, Regnery Publishing, 2011.

_______, *The Great Destroyer : Barack Obama's War on the Republic*, Regnery Publishing, 2012.

Trevor Loudon, Rodney R. Stubbs, *Barack Obama and the Enemies Within*, Pacific Freedom Foundation, 2011.

Michelle Malkin, *Culture of Corruption : Obama and His Team of Tax Cheats, Crooks, and Cronies*, Regnery Publishing, 2010

Mark Meckler, Jenny Beth Martin, *Tea Party Patriots : The Second American Revolution*, Henry Holt and Co., 2012.

Charles Murray, *Coming Apart : The State of White America, 1960-2010*, Crown Forum, 2012.

George H. Nash, *Reappraising the Right : The Past & Future of American Conservatism*, Intercollegiate Studies Institute, 2009.

________, *The Conservative Intellectual Movement in America Since 1945*, Intercollegiate Studies Institute, 2006.

Katie Pavlich, *Fast and Furious : Barack Obama's Bloodiest Scandal and the Shameless Cover-Up*, Regnery Publishing, 2012.

Sally Pipes, *The Truth About Obamacare*, Regnery Publishing, 2010.

Alfred S. Regnery, *Upstream : The Ascendance of American Conservatism*, Threshold Editions, 2008.

Carl Sandburg, *The Complete Poems of Carl Sandburg*, Houghton Mifflin Harcourt, 2003.

Michael Savage, *Trickle Down Tyranny : Crushing Obama's Dream of the Socialist States of America*, William Morrow, 2012.

Noam Scheiber, *The Escape Artists : How Obama's Team Fumbled the Recovery*, Simon & Schuster, 2012.

Ronald B. Scott, *Mitt Romney : An Inside Look at the Man and His Politics*, Lyons Press, 2011.

Peter Schweizer, *Throw Them All Out*, Houghton Mifflin Harcourt Trade, 2011.

Ronald B. Scott, *Mitt Romney : An Inside Look at the Man and His Politics*, Lyons Press, 2011.

Theda Skocpol, Vanessa Williamson, *The Tea Party and the Remaking of Republican Conservatism*, Oxfortd University Press, 2011.

Thomas Sowell, *The Housing Boom and Bust*, Basic Books, 2009.

_______, *Dismantling America : and other controversial essays*, Basic Books, 2010.

Robert Spencer, David Horowitz, *Obama and Islam*, David Horowitz Fredom Center, 2011.

Shelby Steele, *White Guilt : How Blacks and Whites Together Destroyed the Promise of the Civil Rights Era*, Harper Perennial, 2007.

Mark Steyn, *America Alone. The End of the World as We Know It*, Regnery Publishing, 2008.

_______, *After America : Get Ready for Armageddon*, Regnery Publishing, 2011.

Grace Marie Turner, James C. Capretta, Thomas P. Miller, Robert E. Moffit , *Why ObamaCare is Wrong for America : How the New Health Care Law Drives Up Costs, Puts*

Government in Charge of Your Decisions, and Threatens Your Constitutional Rights, Broadside Books 2011

Harlow Giles Unger, *American Tempest : How the Boston Tea Party Sparked a Revolution*, Da Capo Press, 2011

Matthew Vadum, *Subversion, Inc. : How Obama's ACORN Red Shirts are Still Terrorizing and Ripping Off American Taxpayers*, WND Books, 2011.

Nicholas Von Hoffman, *Radical : A Portrait of Saul Alinsky*, Nation Books, 2011.

Du même éditeur

Ils ont tué la télé publique, Jean Robin, avril 2006
La judéomanie, elle nuit aux juifs, elle nuit à la République, Jean Robin, août 2006
L'immigration par escroquerie sentimentale, Marie-Annick Delaunay, novembre 2006
Le Huitième Mort de Tibhirine, Rina Sherman, fév 2007
Les Chemins de la Puissance, collectif d'universitaires sous la direction de Christian Harbulot, février 2007
Experto, 1001 classements, collectif, octobre 2007
L'Oublié d'Outreau, Ludovic Lefebvre, février 2008
Le Monde des Truands, Dominique Zardi, avril 2008
Le Crépuscule des élites, Louis Dalmas, octobre 2008
Sexe, amour et timidité, Jean-Paul Benglia, nov 2008
La position du missionnaire, Alain Finkielkraut décrypté, Jean Robin, mars 2009
La Mosquée Notre-Dame de Paris, Elena Tchoudinova, avril 2009
Radars, le grand mensonge, Jean-Luc Nobleaux, novembre 2009
Voilà, justice, pourquoi je te hais, Marie-Elisabeth Claustre, novembre 2009
Dictionnaire des débats interdits, Jean Robin, mars 2010
L'Horreur européenne, Frédéric Viale, avril 2010
Les meilleures Facebookeries, Jean Robin, septembre 2010
Ces maires qui courtisent l'islamisme, Joachim Véliocas, octobre 2010
La rencontre amoureuse à la portée de tous, Jean-Paul Benglia, février 2011
Décrypter l'antiracisme en 1h, Christophe Bentz, avril 2011
Entre la haine et l'espoir, Jean Robin, septembre 2011
Sarkomensonges, Christian Grégoire, novembre 2011
Antifa, petit manuel antifasciste, Oskar Freysinger, novembre 2011
La Bible en BD, version non censurée, Jean-Pierre Petit, janvier 2012
Al-Dura, ou du bon usage de l'indignation, Samuel Nili, janvier 2012
L'académie des anges, Coline Mulatier, janvier 2012
Dieu, les miracles et la science, Lucien Daly, mars 2012
Qui veut encore tuer le Christ, Gilbert Abas, mars 2012
Petit guide de l'antidéprime, Marc Hillman, avril 2012
Après l'accident atomique, Yves Lenoir, juin 2012
Le livre le plus utile au monde, Jean Robin, juin 2012

Cet ouvrage a été achevé d`imprimer
par Pulsio.net en juillet 2012
Imprimé en France